民盟总部在沪活动纪实

民盟历史文献

民盟上海市委员会 编

群言出版社
QUNYAN PRESS
·北 京·

图书在版编目（CIP）数据

民盟总部在沪活动纪实 / 民盟上海市委员会编 .
-- 北京 : 群言出版社，2011.4（2020.9 重印）
ISBN 978-7-80256-237-0

Ⅰ. ①民… Ⅱ. ①民… Ⅲ. ①中国民主同盟－史料－上海市 Ⅳ. ① D665.2

中国版本图书馆 CIP 数据核字（2011）第 047628 号

责任编辑：盛利君
封面设计：齐立娟

出版发行：群言出版社
地　　址：北京市东城区东厂胡同北巷 1 号（100006）
网　　址：www.qypublish.com（官网书城）
电子信箱：qunyancbs@126.com
联系电话：010-65267783　65263836
经　　销：全国新华书店

印　　刷：北京柏力行彩印有限公司
版　　次：2011 年 5 月第 1 版　2020 年 9 月第 2 次印刷
开　　本：880mm × 1230mm　　1/32
印　　张：9
字　　数：185 千字
书　　号：ISBN 978-7-80256-237-0
定　　价：42.00 元

《民盟总部在沪活动纪实》编委会

前　言

中国民主同盟成立于1941年3月，正值抗日民族统一战线遭到国民党独裁统治破坏的危难之际，民盟以贯彻抗日主张、实践民主精神、尊重思想自由、提倡依法治国为政治纲领。民盟凝聚了当时绝大多数进步知识分子和社会精英，可谓群贤毕集。在不同的历史时期，黄炎培、张澜、沈钧儒、杨明轩、闻一多、李公朴、梁漱溟、史良、胡愈之、楚图南、吴晗、费孝通……这些民盟前辈精英们纵横裨阖、开阔放达，本着知识分子的人文良知和社会责任"奔走国事"，在政治、经济、军事、外交、教育、社会等领域都提出了明确的纲领和主张，将平等、民主、自由的思想播洒在中国的土地上。

在那苍黄翻覆、陵谷变迁的大时代，在那风云变幻、波澜壮阔的动荡岁月里，历史的浪潮将中国民主同盟，将有志于民族振兴的贤良才俊推上了风口浪尖，他们在改变中国命运的同时，也改变了自己的人生轨迹。他们为历史的进程，为国家富强、民族振兴和民主政治的进步做出了卓越的贡献；他们将自己的荣辱与民族存亡紧紧的联系在一起，为中国的民主、繁荣奋斗了一生，为后人留下了许多宝贵的精神财富；他们关于新民主主义社会的探索，至今仍具有巨大的影响和现实意义。

在和平盛世的今天，为了保存这珍贵的历史财富，为了让后人记住先辈们的独立之精神、自由之思想以及他们为国为民、励精图治的奋斗事迹，我们通过多年的精心准备和积累，出版了《民盟历史人物》和《民盟历史文献》丛书，这不仅仅是追忆往昔、缅怀先贤，也不仅仅是为了从学术研究的角度去厘清历史、臧否人物，更重要的是：通过回顾那段曲折的历史，传承民盟与中国共产党肝胆相照、荣辱与共的真挚感情；纪念民盟先贤为新中国做出的巨大贡献；呈现近代中国社会的嬗变和进步知识分子的爱国情怀；同时也是为了民盟薪火相传、与时俱进的需要；为了那些隽永传奇的人物和可歌可泣的历史再现后人的眼前。

路漫漫其修远兮，吾将上下而求索。《民盟历史人物》与《民盟历史文献》丛书的出版，是对先贤们多党合作历史的尊崇和传承。

《民盟历史人物》
《民盟历史文献》编委会

序

李重庵

新中国成立前的三四年间，上海曾经是民盟总部活动的重要地域。悼念李公朴、闻一多、陶行知活动；清除民社党，召开一届二中全会；代管中共驻沪办事处房屋财产，民盟总部被强令解散；张澜、罗隆基脱险等盟史上的重大事件均发生在上海。近年来，我多次去上海，曾到表老和史良大姐在沪寓所以及表老和罗隆基被国民党特务软禁的虹桥疗养院旧址寻访考察，对建国前民盟与中共风雨同舟、患难与共的历史有比较深切的感受。

自1946年2月起，民盟中常委黄炎培、沈钧儒、章伯钧、史良等先后来沪，常驻南京民盟总部的梁漱溟、罗隆基亦经常到上海，或举行记者招待会，或商议对时局宣言。特别是在国民党当局悍然召开“国民大会”，民盟处境险恶之际，张澜主席毅然抵沪。在他的主持下，民盟做出决定，将出席“国民大会”的民社党开除出盟。随后又在沪召开了具有重要意义的一届二中全会，全会的《政治报告》鲜明提出：“民盟既是一个独立的政团，我们依据我们的政纲政策以争取国家及人民的福利，民盟对国事自然应该明是非辨曲直。是非曲直之间就绝对没有中立的余地。民主同盟的目的是中国的民主，是中国的真民主。民主与反民主之间，真民主与假民主之间，就绝对没有中立的余地。这是我们民主同盟坚定不移的方针。”正是因为民盟坚持民主的立场，国民党反动派视民盟为眼中钉、肉中刺。1947年10月27日，国民党当局宣布民盟为“非法团体”，强迫民盟总部自行解散。我去过表老在沪寓所，在那间曾经召开过决定民盟命运会议的房间里感悟着先辈们当时的悲愤和坚忍。至今，每每想到表老在彻夜不眠后口述那份个人声明，我依然心绪难宁。

在黎明前最黑暗的那一刻，民盟组织和民盟成员始终没有停止过斗争，民盟总部留沪领导人始终与中国共产党密切合作，毛泽东、周恩来等亦一直关注着张澜、罗隆基、史良等人的安危。在蒋介石狠下杀手，密令将张澜、罗隆基沉尸大海的关头，周恩来指示中共地下党全力营救。可以说，没有共产党人的鼎力相助，中华人民共和国的开国大典就可能缺少毛泽东和张澜站在一起的那一个珍贵的历史镜头。

正是在上海，在中国两种命运决战的风云中，民盟领导核心做出一个个具有历史意义的重大决定，也正是在上海的斗争，集中反映了民盟与国民党反动派一步步走向决裂，而与中共合作一步步更加密切的历程。因此，学习研究盟史，就不能不学习研究民盟总部在上海的这段历史。

历史是一面镜子。民盟总部在沪活动的史实告诉我们，与中国共产党风雨同舟，患难与共是民盟历史的真实写照。在纪念民盟成立七十周年之际，回首往事，铭记传统，就是为了让我们在未来的行程中与中国共产党同心同德，同向同行，为中华民族的伟大复兴而奋斗。

目 录

民盟总部在沪活动纪实

筹建民盟上海市支部

1945年10月,中国民主同盟在重庆上清寺特园召开了临时全国代表大会(1956年2月,在民盟第二次全国代表大会上被追认为民盟第一次代表大会),会议通过了《中央组织委员会工作报告》,概述了民盟成立后地方组织的发展情况,提出了今后发展的方向。会议结束后,民盟中央根据会议决议,在全国范围积极发展组织,盟的地方组织由西南、西北向全国各地发展,特别是在华东地区发展迅速,并很快成为民盟的活动中心。

1945年12月,民盟中央委员沈志远和民盟中央组织委员会委员黄竞武,受民盟中央委托来沪筹建民盟上海市组织。1946年春,他们在盟员肖秉钺、谢仿林创办的南海花园饭店(今南京西路860弄1号)顶楼设立临时筹备处,开展盟务活动,吸收盟员。

1946年2月,民盟中央常委黄炎培、沈钧儒先后来沪。2月20日,民盟在沪中常委和盟员在愚园路749弄31号举行茶会,宣布成立民盟上海市支部筹备委员会,推定沈志远、黄竞武、王绍鏊、沙千里、彭文应为筹备委员,沈志远、黄竞武为召集人。

1946年8月,民盟上海市支部正式成立,王绍鏊、沙千里、沈志远、施复亮、黄竞武、祝公健、彭文应为执行委员，王绍鏊为主任委员。

民盟上海市支部是民盟中央的直属支部，受盟中央直接领导。

维护政协决议

1946年1月10日至31日，政治协商会议在重庆召开。会议的中心议题是政治民主化和军队国家化问题。经过中国共产党和民盟、民主人士以及国民党中坚持民主之进步人士的共同努力，经过激烈的讨论，在政府改组问题、军队问题、国民大会问题、宪法草案问题以及施政纲领问题上达成了五项决议，取得了积极的成果。决议包括：（一）确认建设统一、自由、民主的新中国；政治民主化、军队国家化及党派平等合法，为达到和平建国必由之途径；用政治方法解决政治纠纷，保持国家之和平发展。（二）确定军党分立、军民分治的整军原则，实行以政治军办法；由军事三人小组（周恩来、张治中、马歇尔组成）商定中国共产党军队整编办法并进行整编，同时按照国民党政府军令部的计划整编国民党军队。（三）改组国民党政府作为结束国民党“训政”到实施宪政的过渡时期政府，规定政府委员的一半由国民党以外的人士担任，而所涉及施政纲领之变更须有出席委员2/3赞成始得议决。（四）宪法草案规定中央政府实行相当于英国或法国的议会制和内阁制；中央与地方分权，省为地方自治的最高单位，省长民选。（五）限期召开国民大会，制定宪法。

2月4日，出席政协会议的民盟中央常委黄炎培由渝飞抵上海。次日，他在记者招待会上发表谈话："我离开上海，跨着十年，抗战胜利结束，早想归来看看经过八年艰苦支撑到今天的父老兄弟，诸姑姊妹。承公私迭电催归，更为感激。只为参加政治协商会议，直到昨天才得踏上我故乡土地。想到这八年中间，全国同胞所遭受的痛苦，大后方同胞够痛苦了，还不算什么，沦陷区同胞的痛苦才是一言难尽。诸位！活着的还在这里说话，死者还能复生么！几百万将士的血肉，几千万同胞的生命财产，换来胜利两字，说到这里，只想和主委抱头大哭一场。天不亡中国，还有今日。从今以后，我们中国人还不好好从头做起，做一个新时代民主国家的新国民，还配称人吗？我中国还能立国于世界吗？今天不想多说，只简略报告诸君，政治协商会议已经圆满结束了。中央与中共双方负责人都说明全国武力冲突已经一律停止了。保障人民自由问题，释放政治犯问题，等等，蒋主席已正式宣布了。一般社会所注意的几个大问题，都已从协商获得了办法。诸君！今后不论在朝在野，不是说的时期，而是做的时期了。不但劝人家做，而且是要自己做的时期了。我复说一句，希望我们大家从新做起，做一个新时代民主国家的新国民。"

2月10日，国民党反动派组织暴徒破坏重庆各界为庆祝政协成功举行的大会，打伤大会总指挥李公朴等数十人，制造了震惊中外的较场口血案。2月11日，在沪民盟中央委员沙千里、沈志远等与民进、民建和文教界知名人士40余人紧急集会，通电全国慰问受伤诸公，强烈要求国民党当局严惩凶手。

13日、17日他分别出席了新闻界招待会和上海40余团体欢迎大会，报告了参加政协会议的经过以及目睹较场口血案的经过，阐明民盟坚决拥护政协决议，并指出："人民得不到自由，不能对政治有所发言；要解放人民，才有自由可言。政府最近宣称言论自由，究竟自由了没有？假使人民得不到自由和保障，那么民主的基础就不稳固。一切政治基础是要建筑在老百姓身上。无论在政治、社会服务各方面和舆论方面，对于中国民主前途，人民基本自由，大家来推动，才能够得到确实的保障。""关于政治的改革，从历史上来看，绝没有政府自动改革的，一定要各方面的压力和革命流血，才有可能，这就是不得不造成一种环境使他革新。""要有好的环境，促使着中国走上民主道路；如果环境不好，中国的前途还是很危险。"

国民党当局在破坏决议的同时，又在东北扩大内战。2月23日，在沪的民盟中央常委黄炎培、沈钧儒、张君劢与彭一湖发表对时局主张：(一)世界列强各根据其大战初息，一般人民极端厌战之心理，正在相互间寻觅保持和平之途径，虽有若干问题存在，而以各方努力之故，尚不至遽损及全面和平。(二)苏联在东北未撤之兵约有十万，此时正在从经济合作方面与我洽商。(三)东北民间军队相当复杂，就吾人所知，其复杂之程度或超过一般人想象。以上为当前事实。至于我等意见：(一)我人主张用全力保护我国一切主权，不能超过中苏友好协约之规定，使权益上有所损害。(二)我人主张应继续要求苏联依照约定撤兵。(三)我人主张东北一切内部纠纷，应依政治方式协商解决。(四)我人对任何方面反对以中国人打中国人。

在民盟的调解和一再敦促下，国共两党于3月27日签订了《东北停战协议》。然而时隔三日，蒋介石竟然在国民参政会声称："东北三省在主权的接收没有完成以前，没有什么内政问题可言"，"军事冲突的调处，只在不影响政府接收主权，行使国家行政权力的前提之下进行。"4月5日，黄炎培致函张澜："报载政府与中共间为东北问题大见裂痕，此间一般人士大为焦虑，极望本盟同人出面尽力斡旋，恢复合作，大局安危，视此一举。尚祈速予考虑，筹议进行。"4月13日，张澜复函，告之4月10日，在渝民盟政协代表张澜、沈钧儒、章伯钧、罗隆基等在重庆特园邀请国民党和共产党的政协代表，交换对东北问题的意见，最后由中国民主同盟提出折中调解方案："（一）中共军队先退出沈阳至长春沿铁路线各地，使中央军可以顺利到长春；（二）中央军暂行停止前进五天，使中共军队有时间退出铁路沿线，以避免冲突；（三）在中央军接收长春以后，双方再进行政治谈判，将东北军事政治问题，依据整军方案及政协会议决议，谋求全盘解决。"

5月间，国民党军队在东北大打出手，并将战火蔓延到关内。5月15日，民盟政协代表黄炎培、梁漱溟、张君劢、章伯钧在沪举行记者招待会，提出对时局的四项主张，号召全国同胞一致起来，制止内战，挽救危局；双方当局应尊重军事调处执行部停战令之性质，全国各地一律奉行停战令；重开政治协商会议，并督促各项协议之实施。5月20日，《大公报》等报道国民党军队攻占四平的消息。次日，黄炎培、沈钧儒、梁漱溟、章伯钧等致函毛泽东、蒋介石，呼吁"即刻停战"，其余一切问题概俟战后协商解决。5月23日，毛泽东复函民盟政协代表，对民盟的建议"原则上极表赞同”。5月25日，黄炎培、沈钧儒、马叙伦等在南海花园饭店聚会讨论东北问题，决定发起组织上海人民反内战大会，并推马叙伦负责筹备。

6月23日，上海人民团体联合会在北火车站举行有5万多群众参加的反内战大会，同时欢迎马叙伦等10人为代表赴南京进行和平请愿。民盟中央委员吴晗等参加大会，民盟中央常委陶行知、民盟上海市支部筹备委员王绍鏊等主持大会。陶先生在大会发表演讲：“8天的和平太短了，我们需要永久的和平，假装的民主太丑了，我们需要真正的民主！我们要用人民的力量来制止内战，争取和平！我们要用人民的力量，反对独裁，争取真正的民主！”当晚，请愿代表在南京下关遭国民党组织的暴徒殴打。消息传来，陶行知义愤填膺，对前来采访的记者说：“这是流氓法西斯行为，是重庆较场口事件的继续。”6月25日，上海人民团体联合会在国际饭店举行外国记者招待会，陶行知用英语发表谈话：

> 我们确实知道在南京对和平代表组织的殴打，是政府中一种团体所主使，这种人只有借着战争才能保留势力，民主运动及和平运动正与他们的野心对立。这次的殴打与在昆明、重庆、成都及其他地方对待学生的办法是一贯的、相同的，反动的力量是逐渐将三民主义的党变为法西斯的组织。CC系对此事责无旁贷。……在中央政府中有好战的政治集团，这是法西斯团体，CC系不能对此来卸责。蒋介石有心理上的错综。一种错综使他相信，每个想要和平民主的

人都是共产党。我们感谢美国在日本侵略中国时给予的协助,但海军陆战队竟在日本投降后留在中国。我们不希望主战派被鼓励作内战。在最近几天内,联合团体要发表一宣言给美国人民,其中要求美国人不要促进中国内战的爆发……并要求美国人民对于铲除中国法西斯的斗争加以援助。中国在建设上需要帮忙,但不需要在破坏上帮助,美国继续不断地支持国民党,只能鼓励法西斯分子打内战。

悼念民盟英烈

国民党当局不顾民盟的强烈反对,发动全面内战,同时加强国统区的法西斯统治。7 月 13 日,上海报纸报道了李公朴在昆明被暗杀的消息。7 月 15 日,民盟中央常委黄炎培、沈钧儒等在南海花园举行记者招待会,发表讲话:“为了和平,民盟在南京天天奔走,到现在政治已无从谈起,苏北战事已很猛烈。现在看来,只有重开政治协商会议,用联合方式,改组中央政府和地方政府,实行和平建国纲领,保证通过一个民主宪法。政府想用军事和片面方式来解决问题是不可能的。目前政府好像对共产党专用军事,而同时对其他党派用种种方法收买分化,或竟用暴利摧残。这就是说,他们除了用军事外,又用特工。最近同盟中委李公朴先生被暗杀,上海近来也盛传黑名单之说,对一些人要加‘监视’,对另外一些就要‘执行’。我们必须对这些暴行加以制止。希望上海各方面团体,团结起来,发挥自己的力量。”7 月 16

日，民盟又在南海花园招待文化界人士。到会者对李公朴遇难深表哀悼，提议李不应国葬，也不应同盟葬，而应该人民葬，因为他是为人民而死。他们对民盟的斗争表示赞扬和支持，并寄希望于民盟。他们说正因为民盟为和平民主的事业积极奔走不遗余力，所以国民党说民盟“是中共的尾巴”，我们也都要为和平民主事业奋斗，我们也都“愿做民盟的尾巴”，阎宝航说“人民愿做民盟尾巴”，马叙伦说“我们人民团体也愿做民盟尾巴”，郭沫若说：“我已是民盟的尾巴了。希望民盟能团结反战力量，坚决提出对国是的主张。”7 月 17 日，上海报刊又报道了闻一多在昆明被杀的消息。当日下午，民盟在红棉酒家招待工商界人士，与会者纷纷发言，“对李闻被狙极愤慨”。7 月 19 日，陶行知、胡愈之等致电联合国人权委员会，吁请立即派遣调查团来华调查李闻血案。7 月 23 日，陶行知和沈钧儒、吴晗民盟领导聚会商出版李公朴、闻一多纪念集。7 月 25 日，陶行知突发脑溢血逝世。7 月 26 日，上海各界在震旦大学礼堂为陶行知举行公祭，由沈钧儒主祭，黄炎培、章伯钧、王绍鏊等陪祭。

李、闻被暗杀事件一发生，梁漱溟即以民盟秘书长的身份对新闻界发表讲话，明确指出李、闻二人是“被国民党特务杀了的”，并就此向国民党提出严正抗议，要求取消特务机关，保障人民的政治活动自由。他正告国民党当局：“这种机关不取消，民主同盟不参加政府。我个人极想退出现实政治，致力文化工作，这是各方面朋友所知道的。但是，像今天这样，我都无法退出了。我不能躲避这颗子弹。我要连喊一百声‘取消特务’。我倒要看看国民党特务能不能把要求民主的人士都杀光。我在这里等待着他。”不久，他又受民盟中央的委托，冒着随时有可能被国民党特务暗杀的危险，亲赴昆明调查李、闻被杀案。当时昆明的形势十分紧张，在国民党特务的威胁下，许多大学教授和民盟昆明支部成员躲进了美国领事馆，或藏了起来，一些证人也不敢站出来作证。蒋介石还特派顾祝同率几名大员和大批军警专程由南京飞赴昆明，名义上是协助民盟开展调查，实际上是配合地方当局，阻挠调查的进行。但是就在这样困难的环境中，梁漱溟和他同去的民盟副秘书长周新民一道，在美国驻昆明领事馆的帮助下，经过大量仔细的工作，还是调查清楚了事实的真相。

8月22日，梁漱溟由昆明飞回上海。26日，在上海举行记者招待会，报告调查经过和结果。他首先揭露了国民党想方设法阻挠这次调查，掩盖李、闻被杀真相的卑劣行径，要求国民党承认在野党派“在政治上的地位”，“坦白、公正、邀请民盟共同调查，共同审判，共同宣布(李、闻被杀案)”，并严正指出：“如果政府不采纳我们的意见，我们也用不着强求，因为这只是又一次地证明了政府隐私!”多年以后，曾经在上海听过他报告的著名报人曹聚仁先生回忆说：“也只有他那么刚直才敢以视死如归的精神，对记者以沉重的口吻来说案情。”

8月28日，沈钧儒、章伯钧、罗隆基走访上海市市长吴国桢，就在沪举行追悼李公朴、闻一多活动征询意见，吴表示同意。9月8日，李、闻追悼会筹备会第一次会议在郭沫若寓所召开。9月12日，吴国桢约见沈钧儒、罗隆基，要求以发起人身份参加李、闻追悼大会。9月17日，李公朴家祭在静安寺举行，黄炎培代表民盟主祭，沈钧儒、张君劢、章伯钧、罗隆基、史良、沙千里、叶笃义、闵刚侯、王绍鏊等70余人参加。10月4日,上海市各界5000余人在天蟾大舞台举行李闻追悼大会。这个会自筹备到召开,历时一个多月。先后决定:由国民党吴国桢、潘公展、吴开先、宣铁吾,共产党周恩来、华岗,民盟沈钧儒、黄炎培、章伯钧、罗隆基,各界人士李济深、郭沫若、陈铭枢、谭平三、司徒美堂、叶圣陶、田汉、胡政之、左舜生等45人组成追悼会主席团;确定由吴国桢任主席,沈钧儒为主祭,洪深为司仪;并由宋庆龄、孙科等包括国民党、共产党、民盟和各界人士共167人领衔为追悼会发起人。

追悼会上,吴国桢的致词和潘公展的讲话,都承认"李闻的被刺是违反法律的事","李闻被暗杀是国家民族的损失"。

郭沫若和罗隆基在会上讲话。郭沫若说,孔子和耶稣生前都曾为真理和教义而遭受种种迫害,但死后终于受到后世千百万人的崇敬。"因此,李闻两先生虽然死了,但他们的生命必将永生!因为真金不怕火,他们才是真金子呀!"罗隆基讲到:"民主是由坐牢、流血牺牲而得来,这也就是民主的代价。李闻两先生的死,我不能说别的,我只能说他们的死是为民主付出了代价。"最后他说,"杀死一个人并不就是杀死他所追求的信仰,因此可以杀死他们两位,而不能杀死民主。……李闻两先生虽被杀死,但战士的血绝不会白流啊!一个人倒下了,但千万个人会起来的。"

周恩来亲笔书写了哀悼词,由邓颖超在大会上宣读。悼词写道:"今天在此追悼李公朴、闻一多两位先生,时局极端险恶,人心异常悲愤。但此时此地,有何话可说?我谨以最虔诚的信念向殉道者默誓:心不死,志不绝,和平可期,民主有望,杀人者终必将覆灭!”这是代表全国人民对国民党反动派的严正声讨,也是彻底打倒反动派、解放全中国的决心和宣誓,台下报以热烈的经久不息的掌声。

李公朴夫人张曼筠代表烈士家属致词,悲痛使她脸色苍白,眼睛红肿。她说:“他们是为了民主,而遭反动派暗杀的,这不仅是我们家属的悲痛,也是每个善良的人的悲痛。我们要化悲痛为力量,握着拳头,团结一致,才能争取民主。”她对各界朋友和来宾深致谢意。

10 月 6 日至 8 日,上海各界又在静安寺举行为期三日的群众公祭,由黄炎培主祭,中共代表团周恩来、邓颖超、陈家康、潘梓年以及郭沫若等参加了公祭。

拒绝参加国民大会

根据政协决议,国民大会的召开必须由改组之后的多党政府来决定。7 月 3 日,国民党当局单方面决定于 11 月 12 日召开国民大会,并宣布“如届时有一部分党派代表不参加,国大仍如期举行,决不再有变更”。1946 年 7 月 26 日,民盟主席张澜致函沈钧儒:“迩来颇有流言,谓九月改组政府,吾人有参加之说,且授王云五君为例。澜深知有意散播之谣言,决不可信;然以惟其有意播谣,吾人必须慎防。对民盟分化而败坏之者,大有人在,料其币重言甘,吾人决不至上套,惟其时时不放松,将使人防不胜防,吾人诚宜向社会有所表示。”7 月 27 日,杜月笙突然走访黄炎培,说陈立夫托他转告,希望黄脱离民盟单独参加国民大会。

黄炎培当即表示:“(一)我不能同意于不统一、不团结之下通过宪法;(二)此路不能通,我不能助朋友走不通之路;(三)欲我离同盟,我不能自毁人格。”7月29日,黄炎培、沈钧儒、章伯钧在张君劢家聚会,就吴铁城此次来沪访张君劢,转告政府有意邀民盟领袖一二人参加政府,授以部长进行商议,一致决定除非政协会议所决定之改组政府,民盟绝不参加。8月8日,《联合晚报》发表“黄炎培表示改组政府意见”:近外传当局邀请黄炎培氏参加政府之改组,民治社记者于昨(七日)下午二时,往晤黄氏于中华职教社,询以此事。承答:“政府此次曾使人以改组政府事,征求本人意见,我当即答以第一必须实施政协决议,第二国共真诚合作,第三各党各派共同参加以构成统一之政府,若只凭几个人来做,是无用的。”8月13日,蒋介石发表“文告”,坚持如期(11月12日)召集国民大会。8月25日,沈钧儒、张君劢、张东荪、章伯钧、罗隆基在上海酒楼举行记者招待会,指出:政协决议不是供政府参考,或采择施行的方案,这不能由一党单独来执行的。例如改组政府,倘一党用邀请的方式而非经过各党派协商的手续,这就违背了政协精神,破坏了政协决议。又例如召开国民大会制订宪法,倘不尊重政协通过的宪草为唯一的草案,而用所谓会集各方意见提供参考的方式,这就违背了政协精神,破坏了政协决议。很坦白的说,我们民主同盟是坚决拥护政协决议的。凡是依据政协决议而进行的事,他可以促进中国的和平团结,我们民盟必竭诚参加,全力拥护。倘假执行政协决议之名,而行破坏政协决议之实,这类行为,适足以扩大中国的内战,造成中国分裂,影响世界和平,我们民盟必坚决反对。这是我们民盟对当前国是的态度。

自9月下旬起，国民党军队加紧进攻张家口。9月30日，周恩来等致函蒋介石：如不立即停止进攻张家口，国共关系即全面破裂。当日下午，黄炎培、沈钧儒、张君劢赴周公馆会晤周恩来。当晚，黄炎培、沈钧儒、梁漱溟、章伯钧、罗隆基在张君劢家经商议致电蒋介石："必须立即终止内战，立即恢复和平，而后举行全国拥护之国民大会。"10月4日，民盟代表在红棉酒家举行记者招待会，罗隆基代表民盟说明对时局的态度："为了避免国家的分裂，民盟不仅决定不参加国大，且敢于向社会呼吁，希望全国同胞们一致反对这种会议的召开，竭力制止它。"10月7日，周恩来邀请黄炎培、沈钧儒、章伯钧、罗隆基到周公馆商时局，事后章伯钧告记者：只对时局一般问题交换意见，并喟然叹曰："9月30日民盟为'国大'事致蒋主席电，迄今还无下文，遑谈为人调解！"10月9日，应张君劢邀请，黄炎培、沈钧儒、张君劢、章伯钧与青年党左舜生、陈启天，以及无党派人士郭沫若、钱新之在交通银行聚会，共商时局，拟对和谈作最后努力，决定次日分访孙科、周恩来后全体赴南京。10月10日，黄炎培等9人于上午11时访孙科，下午1时40分访周恩来。事后，罗隆基告诉记者：共同商量的恢复和谈的折中办法，于13日搭夜车联袂赴南京，该项折中办法如为国民党政府采纳，周恩来即行返宁。周恩来表示同意他们提出的和平主张，认为这是中共的一贯主张，愿与大家共同努力。10月11日晨，梁漱溟由南京抵上海。黄炎培、沈钧儒、张君劢、章伯钧、罗隆基听其报告。下午3时赴周公馆访晤周恩来。梁漱溟提出打开僵局新建议：停攻张家口，再开政协综合小组会议，暂缓颁布“国大”召集令。周恩来当即表示，如政府有诚意恢复和谈，必须立即停攻张家口，并将进攻张家口部队撤回原防。否则，中共将拒绝参加任何商谈。然而，就在当天，国民党军队攻占了张家口，蒋介石随即下令如期于 11 月 12 日召开国民大会。10 月 12 日黄炎培、沈钧儒、章伯钧、罗隆基等在张君劢寓所紧急集会，一致认为蒋介石在国民党军队攻占张家口的情况下颁布下令召开国民大会，无异对第三方面人士飨以闭门羹与难堪，决定取消赴南京之举。会后他们分访孙科、周恩来。10 月 13 日，青年党李璜抵沪转达国民党政府意见，望民盟等第三方面赴南京调解，沈钧儒等表示暂不考虑。10 月 15 日上午，国民党政府派国民参政会副秘书长雷震赴沪，请民盟等三方面劝说中共代表团返南京和谈。下午，黄炎培、沈钧儒、张君劢、章伯钧、罗隆基等访周恩来，商和平大局并转雷震代表国民党政府望中共代表团返回南京意见。晚 6 时，黄炎培、沈钧儒、张君劢、章伯钧、罗隆基等经协商，答复雷震：（一）政府须先切实表示停战；（二）再派员来沪先为非正式商谈。10 月 16 日，张君劢、李璜等访晤周恩来，转告 15 日晚与雷震洽谈经过。10 月 17 日，报载蒋介石提出停战八项条件。上午 10 时，黄炎培到张君劢寓所研究八项条件。下午 3 时，黄炎培赴周公馆访周恩来。晚 7 时，黄炎培等在张君劢家与吴铁城、邵力子、雷震会餐。黄炎培代表第三方面就时局发表意见，强调政协五项决议有效。晚 9 时，第三方面推黄炎培、张君劢、章伯钧、罗隆基等 7 人赴周公馆访周恩来，告第三方面与吴铁城等洽谈经过。10 月 18 日上午 10 时，黄炎培、张君劢、沈钧儒、章伯钧、罗隆基等 7 人至海格路（今华山路）望庐吴铁城寓所，与吴等3人再度交换意见。下午1时，黄炎培等在海格路（今华山路）范园张君劢寓所宴国共双方代表，餐毕合影留念。这是国共双方7月以来首次聚晤。下午，国共和第三方面代表在周公馆首次非正式商谈，黄炎培、罗隆基记录。会谈结束后，国民党政府代表在海格路（今华山路）望庐宴请中共和第三方面代表。10月19日下午5时，国共和第三方面代表在吴铁城寓所举行第二次非正式商谈。周恩来表明中共渴望和平的诚意，并接受返回南京进行和谈的邀请。当晚，周恩来在周公馆宴请各方代表。10月21日上午9时，黄炎培、沈钧儒、张君劢、章伯钧、罗隆基及青年党曾琦等，与周恩来等中共代表同机飞往南京。10月23日至24日，第三方面代表在南京连续集会，经过多次商议，听取了国民党、共产党和马歇尔三方意见，煞费苦心地企图寻求国共双方都能接受的方案，但终告失败。

第三方面调停失败后，国民党如期召开国大的决心已定，中共拒绝参加的态度已明朗，各方关注的焦点转至第三方面，而占第三方面多数的民盟自然成为重中之重。11月14日，民盟总部发出《紧急通告》，声明民盟维护政协决议，在政协决议关于国大开会的各项手续未完成之前，不参加国民大会。当晚，黄炎培“默然坐车”，于次日晨返回上海。11月16日，他写了一首律诗，取名《阴冻》：“莫道阴霾冰不开，无心终盼一阳回。闭门思听千家哭，袖手何曾万念灰。枉欲投鞭平黑水，宁愁报蔓到黄台。邻翁走告军符急，夜半搜床里正来。”11月23日，黄炎培收到陶希圣的来信，劝他参加国大和政府，黄回信婉辞。

就在《文汇报》报道“黄炎培来沪准备闭门读书”之时，蒋介石指派雷震来沪，以蒋同意张起草的宪法草案为基础制定宪法为诱饵，拉拢张君劢参加国大。11月20日，张君劢致函蒋介石："倘宪草能一本政协之决议，而同时政府能迎之于机先，早日自动表示结束党制，一面彻底执行停战命令，一面彻底实现政协决议之精神，则民主社会党同人，虽深以各党不克共聚一堂为缺憾，然在此之政之于民之日，自当出席以赞大法之完成。"11月23日，民社党向国民党提交该党出席国大名单。11月25日，沈钧儒在沪发表谈话："民社党和青年党一样，失去第三方面的立场矣。虽张君劢不参加国大，然其领导之党参加，乃他的决策。犹如全身浸水，仅留头部在外，没有丝毫理由说：'我未落水也'。"12月24日，民盟中常会决议：民社党"违反政协，参加'国大'，与本盟政治主张显有出入"，"已碍难在本盟内继续合作"，"应予退盟"。

民盟一届二中全会

国民党彻底撕毁政协决议，召开国民大会，通过《中华民国宪法》以后，民盟何去何从成为世人关注的焦点。1946年12月28日的《民主报》曾有这样的报道："报纸不必说，街头巷尾，茶楼酒家，也都把话题从南京的'国大'转移到上海的'民盟二中全会'。"这些关注民盟二中全会的人们，意愿各不相同，"有人希望民盟二中全会表现得更软弱些，更富于对政府及上海的党派与个别领袖表示妥协，这样就可以有利于'国大'的片面制宪，接着组织片面的'民主联合'政府，好战分子就是这样希望看民盟二中全会。但也有的人,更多的人,希望民盟二中全会后表现的更加坚强,以便有利于时局的真正打开,向真正的和平民主的前途打开”。

1947年1月6日至10日,民盟一届二中全会在沪举行。会议在民盟中央主席张澜和中央常务委员会的主持下召开,出席会议的中央委员有张澜、沈钧儒、黄炎培、章伯钧、罗隆基、史良、张东荪、邓初民、鲜特生、周新民、李文宜、罗涵先等36人。

会议由张澜致开幕词,接着听取了中央委员会政治报告和中央各部门的工作汇报,以及各地方总支部、支部的工作汇报,通过了《目前应采取的政治主张及行动的决议案》、《拟定现况下的组织原则》和《政治设计委员会组织规程》等决议案。

二中全会着重分析了国民党发动全面内战后国内的政治形势和确定民盟对国是的方针。会议认为:“国民党方面的好战分子迷信武力万能的错误政策,坚持武力接收政权,因此造成去年一年的战祸。”国民党的和谈是“以和养战”,共产党的自卫是“以战养和”。国民党支持的是一个“百孔千疮的政府,在经济破产的关头,还要进行内战,其势必愈战愈弱”,“必定是一个不可收拾之局”。而共产党则采取运动战和游击战的方针,已经消灭了国民党“军队的主力”,“中共必愈战愈强”。会议还认为:国民党召开一党包办的国民大会,彻底破坏了政治协商会议的协定,现在“又高谈要改组政府,要拉拢一二个小党派以成立所谓的新的政府,要用这样一个政府来行所谓的宪政”,这“很明显是一党专政的伪装”,妄想以此换得“美国的支持”。全会公开申明民盟对国民党统治严重失望,指出:“今天中国人民只有贫穷、冻饿、死亡的极大自由，这样的国家成什么国家？这样的政府成什么政府？”会议还谴责美国政府支持国民党打内战的政策。

在分析形势的基础上，会议确定民盟今后的斗争方针，仍然是“反对内战，恢复和平”。并在和平团结的基础上，实现国家的民主化。会议提出解决国是的四项主张：（一）努力促成国共和谈；（二）重新召开政治协商会议；（三）实行政协决议；（四）成立联合政府。

如何才能实现这些主张？会议强调要依靠人民，努力发展和壮大人民的力量。会议高度评价了1946年全国的民主运动，指出“这种运动的意义十分明显”，它“才是中国和平民主的真基础”，“是中国和平和民主前途的曙光！”会议号召盟员要特别重视人民的力量，要发动、组织人民群众共同奋斗。张澜在开幕词中强调指出：民盟是“民主宪政国家的通常政党，我们的基础要建筑在全民的上面”，“要用切实而灵活的方法到广大人民中去宣传，去迎取，使得大家都直接间接地来帮助我们，加强力量，共同努力。”“我们必须在组织上建立起广大而坚实的基础，才能充分地发挥出我们的力量，迅速的实现我们的主张”。

会议还认真地讨论了加强民盟组织建设，彻底消除因历史上“三党三派”而形成的组织纪律松懈的问题。会议决定取消原来的《调整盟内党派问题试行办法》，规定：（一）有党派盟员的权利与义务，与无党派盟员一律平等；（二）有党派盟员应有“民盟第一”的组织观念；（三）有党派盟员，如果原有党派之政治路线与民盟政治路线相违背时，应表明态度，脱离原有组织。同时，为了适应客观形势发展的需要，会议又规定了民盟组织进行活动的方针和策略原则，即：(一)上层争取公开合法，下层采取秘密活动；(二)宣传争取公开合法，组织保持秘密方式；(三)简化总部，侧重地方，深入群众，扩大政治影响，推进民主运动；(四)在国民党严重迫害下，应严密组织，不暴露工作，干部进入职业界，吸收职业界中的民主分子进盟，并决定由总部派盟务特派员分驻东北及华北解放区，开展解放区的盟务。

二中全会对民盟总部的领导机构和人员作了调整和充实，增设基金筹募委员会、华侨委员会。推选张东荪为秘书主任，沈钧儒为财务委员会主任，邓初民为民众教育运动委员会主任，罗隆基兼国外关系委员会主任，黄炎培为基金筹募委员会主任，并聘请彭泽民为华侨委员会主任。同时通过《政治设计委员会组织规程》，决定在中央常务委员会之下设立政治设计委员会，聘任 15 人至 29 人组织之，具体负责推进民主运动。

1 月 20 日，民盟在上海清华同学会举行记者招待会，张澜、沈钧儒、章伯钧、罗隆基、邓初民、鲜英、刘王立明等到会。罗隆基对出席招待会的记者介绍了一届二中全会情况并回答记者提问。为宣传和扩大二中全会成果，2 月 1 日民盟又在清华同学会举行招待会，各界人士 200 余人出席。张澜主席主持，张东荪介绍二中全会，董必武在会上发言："对于民盟的政治报告，已用极诚恳的心情读完，并且用极迅速的方法送到延安"，"政治报告中极为重视政协这一点，非常正确。"马叙伦、褚辅成、施复亮、吴耀宗、文幼章、翦伯赞等纷纷发言，对二中全会的决议和纲领表示拥护。

反对美国对华政策

抗日战争胜利后,美国以国共关系“调停人”的身份,积极干预中国内政,企图建立一个以国民党为主,同时容纳中共和其他党派的统一的亲美政府。国民党当局为了从美国获得大量的军事和经济援助,与美国签订一系列不平等的条约,使美国在华获得了种种特权,从而激起了中国人民的强烈愤慨。

为了维护民族独立、尊严和国家主权的完整,民盟主张“中国事情由中国人自己解决”,反对美军驻华。1946 年 6 月 23 日,马叙伦等赴南京呼吁和平的代表在下关遭国民党当局组织的暴徒殴打。6 月 25 日,民盟中常委陶行知代表上海人民团体联合会在上海国际饭店举行记者招待会,强烈谴责国民党的法西斯暴行,并要求美国军队撤出中国,“希望美国对华援助,能延期到团结民主的政府在中国成立之后。”“中国在建设上需要帮忙,但不需要在破坏上帮助,美国继续不断地支持国民党,只能鼓励法西斯分子打内战。”1946 年 7 月 11、15 日,民盟中委李公朴、闻一多因反对内战,呼吁民主,先后在昆明被国民党特务杀害。7 月 19 日,民盟中常委沈钧儒、陶行知等与郭沫若、田汉等在沪发起《致美国人民书》签名运动,呼吁美国人民起来制止美国政府帮助国民党政府发动内战。8 月 25 日,沈钧儒代表民盟在戈登路(今江宁路)上海酒楼举行记者招待会,就美国售让剩余物资发表谈话,谴责美国将抗战时期准备打日本的剩余物资全部授给国民党政府,助长中国内战的行为。9 月 23 日,上海人民团体代表集会，响应美国35个城市进步团体发起的“美军退出中国”运动，决定即日起举行“美军退出中国”宣传周，民盟中常委沈钧儒、章伯钧、罗隆基等被推为筹备人。10月4日，民盟在红棉酒家举行记者招待会，罗隆基明确表示：“民盟坚决反对美军驻华，因为世界上没有任何一个独立自主的国家驻有外国军队，美军如不撤退，民盟敢于对美国说：中国内战，美国要负责任。”

1946年12月24日，侵华美军强奸北平大学女生的“沈崇事件”发生后，爆发了一场规模巨大的抗议美军暴行的群众爱国斗争。国统区各大中城市50余万学生相继举行反美反蒋游行示威，强烈要求“维护国家主权”，“美军退出中国”。中共中央发出指示，要求国统区各地下党组织，发动各大城市群众响应北平学生运动，努力在运动中“造成最广泛的阵容”，“使此运动向孤立美蒋及反对美国殖民地化中国之途展开”，并要求各地党组织坚持以“美军退出中国”为中心口号，把斗争引向深入。民盟积极支持以学生为主体的反美抗暴运动，严正指出：“这不是单纯的反美运动，而是中国人民警告美国离开中国内战的漩涡，而是中国人民反对内战，争取和平的群众运动！这种运动才是中国和平民主的真基础！这真是中国和平与民主前途的曙光！”

1947年3月10日，美苏英法四国外长会议在莫斯科召开。3月12日，在沪的民盟代表张澜、黄炎培、沈钧儒、章伯钧、罗隆基、史良等和郭沫若等民主人士56人对莫斯科会议发表意见，要求莫斯科会议督促国民党政府立即撤退一切驻华军队，在“全国真正的民主统一联合政府成立以前，任何国家都停止一切财政的、经济的和军事的援助，以免扩大并延长中国的内战”。4月

25日,民盟在青年会举行记者招待会,发表对时局宣言,公开指责“美国杜鲁门总统的国际反共政策为幼稚为愚笨。他是人类进化的反动”,要求“任何帝国侵略主义立即退出中国!”

声援爱国民主运动

美国政府以援华为名,向中国大量倾销剩余物资,民族商业遭到严重破坏。上海百货业职工为抵制美货,振兴民族工商业,于1947年2月9日在南京路劝工大楼举行“爱用国货抵制美货筹备委员会”成立大会,邀请民盟中央委员邓初民出席演讲,国民党特务捣破会场,打死永安公司职工梁仁达,打伤十余人,制造了“二九惨案”。当天下午,民盟中常委沈钧儒前往医院慰问伤员,并要求当局释放被捕职工。2月10日,民盟发表声明“民盟对此事不忍坐视,向受殴身亡之梁仁达家属及其他无辜受伤人士表示慰问,并向政府提出严重抗议”。沈钧儒、章伯钧、邓初民等参加“二九惨案后援会”,发表《二九惨案后援会宣言》呼吁全国人民“为死者申冤,为伤者雪仇,制止凶案重演”。同时,沈钧儒、史良、沙千里、周新民、闵刚侯、林亨元、林秉奇等10位律师组成了“二九惨案律师团”,向法院起诉,为百货业职工伸张正义。

国民党当局发动全面内战后,政府开支入不敷出,人民生活苦不堪言。1947年5月4日,上海学生上街游行,提出“要饭吃、要和平、要自由;反饥饿、反内战、反迫害”的口号。上海法学院两学生张贴标语时被警察打伤,沈钧儒(时任上海法学院教务长)前往慰问。5月20日,南京、上海、杭州等地6000多学生在南京举行"挽救教育危机联合示威大游行",遭到国民党军警野蛮镇压,重伤19人,轻伤90余人。5月21日,民盟领导张澜、沈钧儒和在沪的民主人士17人集会,一致认为学生的爱国运动"绝对值得敬爱","请愿是一种人民的基本权利"。5月25日,改组后的民盟上海市支部(主任委员章伯钧、组织部长沙千里)集会并发表宣言:"对当前全国学生挽救教育危机和反饥饿反内战的庄严行为,表示无限的同情,与最高的敬意,对于被捕受伤的同学与被迫停刊报纸,敬致深挚的关怀与热烈的慰问。"要求政府撤销一切蹂躏民权的法令,立即释放被捕学生,赔偿损失,立即恢复因报道学生运动而被查禁的《文汇报》、《联合晚报》、《新民报》,立即停止内战。

代管中共在沪房产

1947年2月28日,国民党政府强迫中共驻南京、上海、重庆等地担任谈判联络工作的全体代表于3月5日前全部撤退。3月3日下午3时20分,董必武在南京电告钱之光,中共在沪财产移交民盟保管,并由陈家康通知国民党上海市长吴国桢。3月4日,周恩来致电民盟中央主席张澜,商请民盟代管中共在沪、宁、渝等地的财产。

下午5时30分,董必武在南京电告陈家康:周恩来已致电民盟张澜,提请代管中共代表团财产。上海方面由陈家康去民盟联络移交事宜。接电后陈家康即分别向张澜和国民党上海警备司令部联系。至6时许，张澜、黄炎培电约陈家康至张澜寓所商谈房产移交事。晚6时许，董必武电告钱之光：中央指示中共在沪财产交民盟代管。但上海国民党警备司令部代表郝景懿仍坚持交由卢家湾警察分局保管，故自晚上9时起开始清点周公馆财产，至5日凌晨1时30分才完毕，移交清册一式四份，其中一份交民盟，以备再移交民盟保管时使用。

3月6日，张澜、黄炎培、沈钧儒、章伯钧、罗隆基、史良、邓初民等在张澜寓所商洽民盟代管中共代表团财产事宜。

3月17日中午12时，民盟中常委沈钧儒、罗隆基前往国民党上海警备司令部，与宣铁吾洽谈接管中共在沪财产事项。两天后，原中共代表团驻沪办事处财产由民盟接受代管，卢家湾警察分局派郝景懿点交。民盟则由副秘书长周新民点收。当晚，周新民等迁入居住。随后李文宜、辛志超、陈新桂、孙桂梧等先后迁入。

10月23日，国民党大批特务包围和监视南京民盟总部。10月25日，国民党警官闯入上海周公馆查视。10月30日，国民党上海警察局派员接收上海周公馆等民盟代管的中共房产，沈钧儒代表民盟出面点交。

发起和平运动

在国民党当局强迫中共谈判代表和工作人员全部撤离之后，民盟于1947年3月8日发表宣言，指出："不幸今日国共两党，终于正式宣告和平破裂，痛心！痛心！"但是民盟仍要为"和平民主,奋斗到底!”指出:“国共调解工作,虽已宣告失败,同人仍当日日怀念吾天职之所在,吾舌尚在,必发为言论,吾笔未秃,必写为文章。吾人有‘富贵不淫,威武不屈’之定力,实本吾人有‘苟利于国死生以之’之决心,如定欲横加诬陷,甚而迫害之,则眼前之刀锯斧钥,决不苟避倖免,将来之是非黑白,天下自有公评。”3月17日,民盟举行记者招待会,希望国共两党“依然保持政治解决党争的初衷寻求和平的新途径”,并表示民盟“绝对坚守在野的和平的公开的民主政团的立场……绝对不参加政府。……绝对不用军队做政治斗争的工具……绝对遵守民主的方式,保持民主的作用,以在野政团的身分,对当权党做负责任的监督与批评”。民盟坚持在国统区进行公开、合法的斗争,引起国民党的极大仇恨。

1947年4月22日,国民党机关报《中央日报》发表社论,公开对民主同盟加以诬蔑。5月3日,国民党公布了一个捏造的《中共地下斗争路线纲领》和所谓某政治观察家的谈话,公开诬蔑民盟“甘为中共之新的暴乱工具”。5月13日,民盟中常会决议:民盟参政员全体参加国民参政会,联络同情和平运动的参政员、各民主团体共同发起和平运动,并由民盟总部成立专门机构,切实推进和平运动。5月23日,张澜、黄炎培、梁漱溟、章伯钧、韩兆鹗等5位参政员,向国民参政会提出《停止内战恢复和平案》,建议:“确定政治解决党争的大原则,依据政治协商会议的精神及路线,重新举行和平会议,以达到全国统一的最高目的的具体方案”;在恢复和谈之前停止征兵与征粮征实,切实尊重人权,保障人民自由,取消封禁刊物的禁令和释放政治犯等。这一建议得到了许多民主党派、民主团体和民主人士的支持，但却遭到了国民党的反对。5 月 29 日，民盟领导人沈钧儒、章伯钧等在上海招待文化界人士，说明对这次“和平运动”的态度：第一，目的是要揭穿国民党虚伪的反民主的“和平”攻势，以事实反对破坏和平的国民党当局；第二，我们今日争取的和平，不是要求恢复和谈，而是要使广大人民起来反内战、反独裁、反卖国。

民盟总部被迫解散

国民党当局强迫中共和谈代表撤离之后，即以种种卑劣手段，对民盟进行残酷打击。

1947 年 4 月 22 日，国民党机关报《中央日报》发表社论，公开对民主同盟加以诬蔑，突出否认民盟的“合法平等地位”，这是国民党反动派准备打击迫害民盟的先声。接着，5 月 3 日，国民党公布了一个捏造的《中共地下斗争路线纲领》和所谓某政治观察家的谈话，公开诬蔑“素以‘独立’、‘和平’、‘合法’自诩之民主同盟及其化身民主建国会、民主促进会、三民主义同志联合会等团体，其组织已为中共所实际控制，其行动亦均系循中共意志而行”；民主同盟与各民主团体所倡导之民主统一战线，“亦准备甘为中共之新的暴乱工具”。5 月 14 日，国民党政府新闻局局长董显光在记者招待会上发表讲话：“民盟与中共曾公开否认宪法及国民大会之合法性，该盟与反叛政府之中共既有密切关系，虽仍称系一和平之政党，然政府对该盟之态度将视其政策及行动如何而定。”6 月 1 日，国民党当局在国统区各大城市对民盟等民主党派和进步人士进行大逮捕，民盟盟员被捕百余人。7 月又有百余盟员被捕。

对于国民党当局的迫害，民盟予以坚决的回击。4 月 21 日，民盟在沪召开中常会，听取章伯钧、罗隆基报告在宁营救杜斌丞、骆宾基、王菊人的经过。4 月 22 日，民盟中常会通过了《中国民主同盟对时局宣言》。4 月 25 日，民盟在沪举行记者招待会“对政府无端逮捕民盟领袖及盟员如杜斌丞、骆宾基、王菊人等提出严重抗议，并要求政府对被逮者立即释放”。5 月 8 日，张澜主席就中央社发表所谓《中共地下斗争路线纲领》致函国民政府行政院长张群，指出“中央社此种举动，实已构成犯法行为，应负法律上之责任”。强烈要求释放“本盟被捕盟员”，否则政府“无以见谅于今日之国人，亦且将为万世之罪人矣”。在获悉“六一”大逮捕的消息后，张澜主席立即致函邓锡侯，要求他在四川制止特务的暴行，并警告说：“杀尽了民盟的人，也没有办法。”8 月 24 日、9 月 1 日、9 月 13 日，张澜先后三次致函张群，要求国民党当局“立即停止一切非法压迫在野合法党派行为”，并将各地被捕盟员“立即一律予以释放”。

1947 年 10 月，国民党当局面对民盟的压迫达倒了高潮。10 月 1 日，国民政府新闻局长董显光在记者招待会上公然宣布民盟是“中共之附庸”，“民盟分子破坏总动员，参加叛乱，反对政府”。10 月 7 日，国民党西安当局以“通匪”和“贩毒”罪名，将 3 月逮捕的民盟中常委兼西北总支部主任委员杜斌丞枪杀。10 月 23 日，国名党军警特务包围南京民盟总部。10 月 27 日，国民党政府发言人宣布民盟为“非法团体”。

在国民党当局的高压之下，民盟在沪中常委多次集会，商议应付办法。10月8日，张澜、黄炎培、沈钧儒、章伯钧、周新民、叶笃义共商盟务，决定派沈钧儒、章伯钧、叶笃义赴南京，与罗隆基一起向美国驻华大使申述国民党当局对民盟之迫害，要求美国方面出面交涉。10月24日，在获悉南京民盟总部被监控以后，黄炎培、沈钧儒、史良、叶笃义在张澜寓所会商应付方法。10月26日，张澜、黄炎培、章伯钧、叶笃义在张澜寓所再商盟务，决定派黄炎培、叶笃义赴南京与国民党当局交涉。

11月4日晚11时，黄炎培、罗隆基、叶笃义在两名特务的“押送”之下，带着事前由陈立夫起草，经国民党当局审定的《中国民主同盟总部解散公告》回到上海。11月5日上午9时半，张澜、黄炎培、罗隆基、史良、张云川、叶笃义等在集益里8号集会，听取黄炎培报告与国民党当局交涉的经过和结果。当时楼上屋子里挤满了军警和记者，门外停着两辆警车。会上沈钧儒、史良和张云川曾对民盟自行解散表示异议，但在特务的喧嚣声中，最后决定民盟宣布自动解散。当叶笃义拖着沉重的脚步，走下楼梯，把《中国民主同盟总部解散公告》交给等候多时的记者时，他的眼里噙满了泪水。晚年，他在自传《虽九死其犹未悔》中写道：“我当时心情犹如战败者的代表，手捧着投降书交给战胜者的代表。”当晚，张澜彻夜不眠。次日清晨，他叫来叶笃义，沉痛地说：“杀头我是不怕的，我之所以这样做完全是为了照顾到全体盟员的安危。至于我的一切早已置之度外了。”他当即口述了一份个人声明：“余迫不得已认同宣布民盟总部解散，但我个人对国家之和平、民主、统一、团结之信念及为其而努力之决定绝不变更”，并呼吁全体盟员“继续为国家之和平民主统一团结而努力”。作为赴南京与国民党当局交涉的民盟代表黄炎培，于11月15日在《国讯》上发表《我与民盟》，文中写道：“一部大历史，信而见疑忠而被谤者不知凡几。民盟已矣，自我发之，自我收之。知我罪我其惟春秋。我只平心静气地问一句，请大家公正检讨民盟从创始到结束，前前后后所有文件，曾有一字一句是以够构成危害国家颠覆政府的罪行否？”

民盟被迫解散后，沈钧儒曾对周新民说：“民盟一定要搞下去，国内不能公开搞，我们只有去香港吧！”并表示：“我如果走不脱，剃掉胡子也要走。”之后，他便开始秘密做去香港的准备工作。11月26日晚，沈钧儒化名潘豫，身着黑呢大衣，头带黑呢帽，把胡须藏在大衣领里，乘美国总统轮船公司戈登将军号秘密离开上海赴香港。他的出行，得到了中共地下党组织的支持和帮助。由于有国民党特务对他实施监视，而他本人长髯垂胸，寿星头，个头矮，外表特征明显，很容易被人认出，因此，中共地下党指示他的船票和有关证件，均由他的秘书、中共地下党员方学武出面办理，并陪伴他到香港。11月30日，沈钧儒安全抵达香港。

支持民盟一届三中全会

沈钧儒到达香港后，与先后抵港的章伯钧、周新民以及在港的民盟中央委员先后举行谈话会，推选沈钧儒、章伯钧为召集人，筹备召开一届三中全会。期间，沈钧儒、章伯钧致函滞留在沪的张澜、黄炎培、罗隆基、史良、叶笃义等民盟中常委，告之筹备一届三中全会情况，并请他们委托在港的民盟中常委代表出席。1948 年 1 月 5 日至 19 日，民盟一届三中全会在港举行。会议通过了《紧急声明》、《全会宣言》、《政治报告》等文献，决定恢复民盟总部，制定了和中国共产党密切合作，为彻底摧毁南京国民党反动政府、实现新中国而奋斗的政治路线。会议期间，沈钧儒、章伯钧曾致函张澜等在沪民盟中常委，告之会议情况，张澜等亦复函，并通过盛丕华从民盟基金中拿出万元港币汇至香港。1 月 19 日，沈钧儒在闭幕词中宣布："接到上海同志们的来信，他们和我们完全采取了共同一致的意见，这是开会中值得我们骄傲的。"1 月 23 日，民盟香港总部还给张澜发去了致敬代电，给罗隆基发去慰问代电。

响应中共中央"五一"号召

1948 年 4 月 30 日，中共中央发布纪念"五一"劳动口号，号召"各党派、各人民团体及社会贤达，迅速召开政治协商会议，讨论并实现召集人民代表大会，成立民主联合政府"。5 月 2 日，当香港各民主党派代表人士在李济深寓所集会讨论"五一口号"时，张澜、黄炎培、罗隆基、叶笃义也在虹桥疗养院集聚，商议响应"五一口号"。10 天后，沈钧儒委托盛康年带来亲笔函给张澜等在沪的民盟中常委，介绍民盟总部对召开新政协的态度。在收到沈钧儒信函以后，张澜、黄炎培、罗隆基、史良、叶笃义等几次聚会，最后致信沈钧儒、章伯钧，对民盟总部通电响应中共中央“五一”口号表示“极感欣慰”，认为这是“国家当前自救唯一途径”，并“盼中共及民主党派今后更能以简单明了之方式加强此种号召”。

声援“反美扶日”运动

1948 年 5 月 4 日，上海一百多所学校万余名学生在交通大学举行营火晚会，成立上海市学生反对美国扶植日本挽救民族危机联合会，通电全国，发出反对美国扶植日本的呼吁。5 月 22 日，上海学生发起 10 万人反美扶日签名运动。6 月 4 日，美国驻华大使司徒雷登发表书面声明，为美国扶日政策辩护，并威胁说，反美扶日运动“倘仍继续进行，可能致不幸之结果”。张澜、黄炎培、罗隆基致函司徒雷登，对他的声明进行了批驳。叶笃义亦在《展望》上发表《不要打破温度计——敬告司徒雷登先生》。6 月 26 日，为抗议国民政府上海市市长吴国桢扬言要传讯上海学联负责人，上海学生联合会在交通大学广场举行万人公断大会，史良在会上发表演讲：“诸位同学，你们是爱国者，爱国是无罪的。政府传讯你们是非法的。我查遍了世界各国的法典，行政官员是无权传讯公民的。吴国桢市长说要传讯你们，他首先犯了恐吓罪，他如果真的传讯你们，他就犯了渎职罪。所以，你们不是被告，你们是原告。诸位不要害怕，我愿做你们的义务律师，如果抓你们坐牢，我和你们一起去坐牢。我们要为爱国和伸张正义而斗争！”

争取地方实力派

1948 年 3 月,邓锡侯被蒋介石撤掉四川省主席职务,4 月初借口治病到上海住院。张澜借此机会劝他:“要看清楚当前形势,丢了省主席不要紧,现在蒋介石必垮,共产党必胜!你在四川人缘好,应早点回川,团结地方各种力量,共同迎接解放。”并提醒他,“决不可去台湾旅游,也不能到汉中去做什么边区绥靖主任,这些都是蒋介石的圈套,最多到杭州去住一下就行了”。1949 年 1 月初,刘文辉应张群之约来南京,并派参谋长杨家桢到上海看望张澜,商讨川康地区工作。张澜提出三点意见:“(一)局势在两三个月内有大的变化,要注意蒋介石的阴谋。(二)川康今后行动要看自己的力量来定。如力量许可,就应采取主动,迅速脱离蒋帮,加入革命阵营;如力量不行,则应等待解放军入川时,配合行动。(三)不管怎样都应事先做好准备。”

张澜对张群也进行了争取工作。1949 年 1 月下旬,蒋介石为实施其“固守四川,确保大西南”的阴谋,调张群回四川兼任重庆绥靖公署主任(后改任西南长官公署长官)。张群是四川华阳人,一向敬重张澜,赴任前特拜会张澜,问他有何嘱托。张澜告诫他:“最好跟人民走。”张群无可奈何地说:“这一点我明白,但蒋对我有知遇之恩,我不忍背弃他。现在,我要回四川了,表老,你还有何吩咐?”张澜忠告说:“回去应该为四川人民做些好事,首先应该释放政治犯。关起民盟那么多人应该放嘛!征兵征粮少做些嘛!也不要准备在四川打内战,这就为人民造福了。”张群答应这些事“回川后斟酌办”。

4月2日范朴斋由渝飞沪,行前张群请他转告张澜:“四川的征兵,已由42万人减少到6.2万人;征粮问题上,停止了征实。建军方面,只是四个军的旧番号整补,新番号的六个师都取消了。只重政治经济,不做作战准备。无法再事‘戡乱’了,只有屈辱的有条件的和平,才可能解决问题。”范朴斋到沪后,向张澜转达了张群的话并汇报经张群指示被释放的21位盟员情况。4月4日,张澜、罗隆基、史良、叶笃义等联名写信慰问出狱盟员。张澜还通过和成银行汇4两黄金以示慰问。

拒做“调解人”

1949年1月1日,蒋介石发表求和公告,提出保存“宪法”、“军队”等五项和谈条件。1月5日,张澜在对记者谈话中指出:蒋介石“并不真正要和平”。1月17日,钟天心衔孙科之命走访黄炎培,征求对和平谈判的意见,黄告之:蒋介石下野,宣布停战。钟问上海民间为何无人倡导和谈,黄说:上海如今已是恐怖世界,谁敢说话!1月22、23日,张澜、黄炎培、罗隆基、史良、叶笃义等连续聚会,商议时局。1月24日,张治中、邵力子、甘介侯来沪,征询张澜、黄炎培、罗隆基对和平谈判的意见,希望他们共同策进“和平”运动,调解国共关系。1月25日,在解放区的民主人士周建人、翦伯赞、田汉、胡愈之、韩兆鹗、严信民、吴晗、楚图南等联名致电尚在上海的张澜、黄炎培、罗隆基、史良等:“近闻敌方派人在沪活动,企图分裂民主阵线,淆乱社会视听,以自保全。诸公久居沪上，所闻所见，必更亲切。当能对反动派之阴谋彻底揭发，严予指斥，并请号召国民党统治区人民坚持中共所提八条，实现真正和平，彻底消灭中国人民之敌人。”1 月 27 日，张澜等人发表谈话：“从前国共两党之争，我们是第三者，但现在局势已经完全改变，现在是革命与反革命之争，而我们站在革命的一边，所以不能参加调停。至少，也得先与解放区及香港的代表洽商后，方可发表意见。”2 月 3 日，张澜、黄炎培、罗隆基致函李宗仁：“澜等此次不拟来京，定荷我公谅及。”

安然脱险　离沪赴平

民盟总部被迫解散以后，在国民党方面的“安排”之下，罗隆基先后在上海广慈医院（现为瑞金医院）、中山医院“治病”。1948 年 3 月起，罗隆基转至上海虹桥疗养院（现为徐汇区中心医院）。1949 年 1 月 23 日，在院长丁惠康劝说下，张澜亦入虹桥疗养院。1 月 27 日，郭春涛夫人告之黄炎培：“某方将对我不利。我之外，表方、努生等。其方法为绑票或暗杀。”5 月 3 日，国民党保密局局长毛人凤来沪时对毛森指示：“总裁指示，凡属有嫌疑的人即予以逮捕，对张澜、罗隆基等予以监视。这件事本应由上海稽查处和上海警察局会办，因上海稽查处另有任务，希兄多负点责任。”

在获悉蒋介石将对张澜、罗隆基等下毒手后，周恩来立即指示中共地下党组织全力营救。中共地下党组织找到已被策反的国民党政府监察委员会杨虎，请他出面营救张、罗。5 月初，杨虎找到老部下,时任上海警备司令部稽查处警备大队付阎锦文,要他负责营救张、罗。

5月10日中午,国民党上海警备司令部出动军警特宪包围虹桥疗养院。当天下午,史良接到中共方面吴克坚的报警电话离家出走。5月21日,阎锦文驱车将张澜、罗隆基从虹桥疗养院转移到南昌路杨虎公馆。5月27日,接上级指示四处寻找史良的人民解放军27军官兵在海格路(今华山路)交通大学附近一幢公寓的地下室内找到史良。5月28日,陈毅同志代表中共中央慰问张澜、罗隆基。当天,张澜、罗隆基、史良等联名发表声明,向领导人民革命的中国共产党及中共领袖毛泽东"表示热诚的庆贺"。次日,张澜、罗隆基致电毛泽东、朱德、周恩来、董必武:"澜不久将与罗努生兄等来平聆教。"6月1日,毛泽东等复电张澜:"今后工作重在建设,亟盼各方友好共同致力,先生及罗先生准备来平,极表欢迎。"6月17日,民盟上海市支部举行大会,欢迎即将赴平出席新政协会议的张澜、罗隆基和史良。张澜在会致词,表示"我们民主同盟应在新民主主义的旗帜下努力建设新中国"。6月18日,张澜、罗隆基、史良等自沪启程,于24日到达北平。

成立民盟总部上海区执行部(华东执行部)

民盟总部被迫解散后,留沪的总部领导人有张澜、黄炎培、罗隆基、史良、辛志超、叶笃义等。辛志超当时任民盟总部组织委员会副主任。为坚持斗争,他向香港民盟总部提出,另在上海成立地下组织，以便就近指导与香港联系比较困难的各地区民盟工作，主要是华东6省3市的盟务。此建议得到民盟总部的批准。1948年3月，民盟上海区执行部在沪秘密成立，辛志超任主任委员。工作范围是江苏、浙江、安徽、江西、山东、河南6省和上海、南京、青岛3市。辛志超还以民盟总部组织委员会负责人的身份联系华北、华中、西北、西南各地区的盟务。

1948年7月，辛志超去华北，上海区执行部主任委员由史良代理，并增选闵刚侯为执行委员。

为贯彻民盟一届三中全会路线、方针，上海区执行部对有关省市盟组织明确提出，要坚持依靠中共地下组织的领导和具体帮助，通过组织和私人关系，与中共地下工作人员密切配合，积极开展各项工作。

上海解放后，苏延宾至沪，带来民盟总部临时工作委员会于1949年4月22日的机要信，指示"京沪解放后，上海区执行部即公开执行组织任务。执行部主管地区除河南、山东已另有布置外，其余浙江、江苏、江西、安徽四省及京沪两市之盟务由执行部负责整理。……执行部负责人为史良、苏延宾、申葆文、闵刚侯、时宜新五委员，史良为主任委员。"同年6月15日，民盟总部临时工作委员会来电："民盟上海区执行部名称改用华东执行部，地区改为苏、浙、皖三省及京、沪两市，赣省归华中区。"

解放后，民盟华东区执行部进行了盟务整理，组织盟员学习。至1951年1月30日，民盟华东区执行部撤销。

民盟总部在沪活动大事记
（1945–1949）

1945 年

12 月

民盟中央委员沈志远和民盟中央组织委员会委员黄竞武，受民盟中央委托来沪筹建民盟上海市组织。1946 年春，他们在盟员肖秉钺、谢仿林创办的南海花园饭店（今南京西路 860 弄 1 号）顶楼设立临时筹备处，开展盟务活动，吸收盟员。

1946 年

2 月

2 月 4 日　民盟中央常委黄炎培由重庆飞抵上海。

2 月 5 日　黄炎培在记者招待会发表谈话：政治协商会议已经圆满结束。保障人民自由、释放政治犯等问题，蒋主席在会议上宣布了。一般社会关注的问题都已通过协商获得解决的办法，今后不论在朝在野，不是说的时期，而是做的时期了。

2 月 11 日　民盟中央常委沈钧儒抵沪。

同日，民盟、民进、民建、救国会和文教界著名人士，黄炎培、马叙伦、沙千里、王绍鏊、沈志远等 40 余人紧急集会，声讨国民党反对动派制造较场口血案，通电全国，慰问被打伤的李公朴等人，强烈要求国民党当局严惩凶手。

2月13日　沈钧儒举行记者招待会，介绍政协会议经过，阐明民盟坚决拥护政协决议。

2月17日　上海40余团体集会欢迎沈钧儒，沈在会上报告了政协会议的经过，呼吁共同努力，使中国走上民主道路。

2月20日　在沪民盟中常委黄炎培、沈钧儒，中委沈志远，和沙千里、彭文应等及部分盟员20余人，在愚园路749弄31号举行茶会，宣布成立民盟上海市支部筹备委员会，推定沈志远、黄竞武为召集人。

2月23日　黄炎培、沈钧儒、张君劢、彭一湖联名发表对时局宣言，主张以政治协商方式解决东北问题。

4月

4月5日　黄炎培致函张澜、罗隆基等："报载政府与中共间为东北问题大见裂痕，此间一般人士大为焦虑，极望本盟同人出面尽力斡旋，恢复合作，大局安危，视此一举。尚祈速予考虑，筹议进行。美友方面想努生兄必有深切的接洽。公意如何，敬盼示复。"

4月13日　黄炎培得到张澜复函，告之4月10日，民盟政协代表张澜、沈钧儒、章伯钧、罗隆基等在重庆上清寺特园邀请国民党和共产党的政协代表，交换对东北问题的意见，并由中国民主同盟提出折中调解方案的经过。

4月18日　民盟中央常委陶行知抵达上海。

4月22日　中共驻沪代表华岗、潘梓年往访黄炎培，商在沪举行“四·八”烈士追悼会事宜。[1]

4月30日　上海各界在玉佛寺举行“四八”烈士追悼会，黄炎培、陶行知、柳亚子、王绍鏊等81人冒雨出席。潘梓年在致谢辞时说：“这样的天气，各位来参加，这不是为了共产党和私人感情，而是为了追悼民主战士，因为大家都要民主。”

5月

5月5日　上海52个团体（后扩大为91个团体）在南京路劝工大楼集会，宣布成立“上海人民团体联合会”，选举马叙伦、王绍鏊、沙千里等为理事，发表宣言，号召“人民团结起来，以具体的行动来阻止内战”。

5月8日　中共代表团成员陆定一与黄炎培、马叙伦、陶行知、沙千里、沈志远等在来喜饭店宴请华侨领袖司徒美堂。

民盟中央常委梁漱溟、章伯钧从渝飞抵上海。

5月15日　黄炎培在南海花园招待马叙伦、林汉达、章乃器、沙千里、许广平、王绍鏊商谈时局。

黄炎培、张君劢、梁漱溟、章伯钧在记者招待会上发表谈话，重申民盟争取和平、民主的一贯主张，呼吁全国人民共同努力，制止内战。

5月20日　民盟中常委黄炎培、张君劢、梁漱溟、章伯钧、陶行知，中委沈志远、张云川等在愚园路749弄31号集会，商讨时局。

---

① 4月8日王若飞、秦邦宪、叶挺、邓发等乘飞机由重庆飞往延安，因飞机在山西兴县黑茶山失事，全部遇难，史称“四·八烈士”。

5月21日　黄炎培、沈钧儒、张君劢、梁漱溟、章伯钧致电蒋介石、毛泽东，呼吁东北立即停战，并提出三项建议：(一)中共军队撤出长春；(二)中央不再进兵长春；(三)东北政务委员会驻长春主持政务，就地组织警察，行使职权，所有委员人选由各方协商而中央简命之。23日，毛泽东电复表示原则上赞同民盟提议。24日，董必武在南京招待美联社记者，说中共同意民盟建议，中共军队已自动退出长春。

5月23日　张群邀民盟代表黄炎培、沈钧儒、张君劢、梁漱溟、章伯钧就时局交换意见。

5月25日　黄炎培、沈钧儒、马叙伦等在南海花园举行茶会，讨论东北问题，决定发起组织上海人民反内战大会，推举马叙伦等负责筹备。

5月28日　民盟政协代表黄炎培、沈钧儒、张君劢、梁漱溟、章伯钧由沪抵宁，发表书面声明：这次抵宁为协助解决东北问题。东北内战是多年来罕见之惨剧，愿与各方面共同努力促进和平。

6月

6月6日　上海各界知名人士164人联名上书蒋介石、毛泽东："抗战已终，一切皆属内战问题，自宜偃息干戈。"在公开信上签名的有民盟盟员陶行知、沙千里、王绍鏊、沈志远、彭文应等。6月11日，中共代表团复函，表示中共原本一向和平民主团结，进行谈判，并盼能从此长期停战，永息戎争。

6月9日　章伯钧、罗隆基在沪发表谈话："人民要求永久停止内战，一切问题谈判解决。"

6月14日　第三方面留沪政协代表举行扩大会议，民盟黄炎培、沈钧儒、张君劢、梁漱溟、章伯钧、罗隆基等出席。梁漱溟报告在南京参加国共两党谈判情况。

6月23日　以马叙伦为团长的上海和平请愿团赴南京请愿。上海各界群众5万余人在北火车站举行欢送大会。大会主席团成员、民盟中央常委陶行知发表演讲，民盟中央委员吴晗也在大会上讲话。当晚，请愿团在南京下关车站遭国民党组织的暴徒殴打。

6月25日　上海人民团体联合会举行外国记者招待会，陶行知代表联合会用英语发表讲话："我们确实知道在南京对和平代表组织的殴打，是政府中一种团体所主使……蒋介石有心理上的错综……他相信，每个想要和平和民主的人都是共产党。我们希望美国对华援助，能延期到团结民主的政府在中国成立之后。"

7月

7月6日　上海文化界30余人为美国国务院文化代表费正清举行饯别宴会。沈钧儒、陶行知、沈志远等出席。

7月13日　陈家康代表中共访沈钧儒、罗隆基，对李公朴被害深表哀悼。

7月14日　周恩来访罗隆基，告其数月在宁和谈经过。

7月15日　民盟政协代表在南海花园举行记者招待会，要求实行立即恢复政协会议五项决议，对李公朴被害发表声明。

7月16日　民盟政协代表在南海花园招待文化界人士，沈钧儒主持，黄炎培、马叙伦、王绍鏊、阎宝航、许广平、郭沫若、田汉等出席，他们沉痛哀悼李公朴，并提议李公朴不应国葬，也不应同盟葬，而应该人民葬，因为他系为人民而死。他们对民盟的斗争表示赞扬和支持，并寄希望于民主同盟。他们指出：正因为民盟为和平民主的事业积极奔走不遗余力，所以国民党说"民主同盟是中共的尾巴"，我们也都要为和平民主事业奋斗，我们也都"愿做民主同盟的尾巴"。阎宝航说："人民愿做民盟尾巴。"马叙伦说："我们人民团体也愿做民盟尾巴。"郭沫若说："我已是民盟的尾巴了！希望民盟能团结反战力量，坚决提出对国是的主张。"

7月17日　民盟政协代表在红棉酒家招待工商界人士，黄炎培出席。出席者对李公朴、闻一多被害极为愤慨，表示："现内战日益扩大，政府对各党派用各种手段使之分化，并以暴力危害民主进步分子，藉此紧要关头，应发动全国人民反对内战，要求和平，以保卫人民基本自由和生命安全。"

周恩来赴海格路(今华山路)范园张君劢寓所，与张君劢、罗隆基等晤谈。

7月19日　陶行知、胡愈之等以上海文化界人士名义致函联合国，要求派调查团来华调查李、闻血案。

同日，沈钧儒、陶行知、王绍鏊等在沪发起《致美国人民书》签名活动，呼吁美国人民起来制止美国政府帮助国民党发动内战。

7月23日　沈钧儒、陶行知、吴晗等在愚园路国社党党部开会，商讨李公朴、闻一多纪念集编辑出版事宜。

7月25日　陶行知在沪因劳累过度突发脑溢血逝世。

7月26日　由民盟等团体组成的“陶行知治丧委员会”在上海殡仪馆举行公祭。主祭沈钧儒，陪祭郭沫若、黄炎培、马叙伦、章伯钧、王绍鏊等。

同日，民盟主席张澜致函沈钧儒：“迩来颇有流言，谓九月改组政府，吾人有参加之说，且援王云五君为例。澜深知有意散播之谣言，决不可信；然已惟其有意播谣，吾人必须慎防。对民盟分化而败坏之者，大有人在，料其币重言甘，吾人决不至上套，惟其时时不放松，将使人防不胜防，吾人诚宜向社会有所表示。”

7月27日　杜月笙告知黄炎培：陈立夫希望黄脱离民盟单独参加国民大会。黄当即表示：（一）我不能同意于不统一、不团结之下通过宪法；（二）此路不能通，我不能助朋友走不通之路；（三）欲我离同盟，我不能自毁人格。

7月29日　黄炎培、沈钧儒、章伯钧至张君劢家集会。就吴铁城此次赴沪访张君劢，转告政府有意邀请民盟领袖一二人参加政府，授以部长一职进行商议。一致决定，除非政协会议或类似会议所决定之改组政府，民盟绝不参加。

8月

8月8日　《联合晚报》刊“黄炎培表示改组政府意见”：“近外传当局曾邀请黄炎培氏参加政府之改组，民治社记者于昨日（七日）下午二时，往晤黄氏于中华职教社，询以此事。承答：‘政府此次曾使人以改组政府事，征求本人意见，我当即答以第一必须实施政协决议，第二要国共真诚合作，第三要各党各派共同参加以构成统一之政府，若只凭几个人来做，是无用的’。”

8月9日　黄炎培、张君劢、章伯钧、吴晗、叶笃义与由昆明飞抵上海的楚图南、尚钺、赵沨共进午餐。

同日，沈钧儒对记者表示：他一向反对"观棋不语真君子"，中国打内战不是国共两党的事情，中国打内战，中国人应该过问，应该开口，应该管。

8月25日　民盟中常委沈钧儒、张君劢、张东荪、章伯钧、罗隆基，在戈登路（现名江宁路）上海酒楼举行记者招待会，就时局发表谈话："中国今天正遭受着一个历史上空前大规模的内战，"过去是"边谈边打"，"今天竟是打有决心，谈却是掩饰与欺骗的烟幕了"。他们呼吁执行政协决议，"以促进中国的和平"。

8月26日　民盟秘书长梁漱溟在沪报告李、闻案调查经过。

8月28日　沈钧儒、章伯钧、罗隆基走访上海市长吴国桢，就在沪举行追悼李公朴、闻一多活动征询意见，吴表示同意。

9月

9月1日　周恩来在上海周公馆宴请沈钧儒、张君劢、章伯钧等。

9月3日　《联合晚报》载沈钧儒对记者谈话：对这次在炮火中召开的五人非正式小组会的前途表示悲观，对美国调解人与国民党政府的诚意也表示怀疑。并说：改组政府原应有政协代表协商，今竟将其他各党各派代表抛开，由国共双方进行"非正式"商谈，这也证明国民党政府无诚意。

9月4日　沈钧儒对国民党政府和美国政府签订剩余物资买卖协定表示反对，并指出国民党政府与美国对和平商谈诚意实属可疑。

9月8日　沈钧儒参加于郭沫若寓所召开的李、闻追悼会筹备会第一次会议。

9月12日　吴国桢面晤沈钧儒、罗隆基，要求参加发起李、闻追悼大会。

9月17日　李公朴家祭在静安寺举行，黄炎培代表民盟主祭，张君劢、章伯钧、罗隆基、史良、楚图南、沙千里、叶笃义、王绍鏊等参加。

9月19日　梁漱溟自宁抵沪，与黄炎培、张君劢、沈钧儒、章伯钧、罗隆基商时局。

同日，周恩来走访梁漱溟，将9月6日草拟而后得到马歇尔、司徒雷登同意的《七、八两月谈判要点总结》交梁漱溟阅。

9月23日　上海各人民团体代表集会，响应美国35个城市的进步团体发起的“美军退出中国”运动，决定即日起举行“美军退出中国”宣传周，推沈钧儒、章伯钧、罗隆基、刘王立明等为筹备人。

同日，李、闻追悼会筹备会第四次会议召开，沈钧儒主持，章伯钧、罗隆基等参加，会议决定李、闻追悼大会定于10月4日举行，6日在静安寺公祭。

9月30日　黄炎培、沈钧儒、张君劢等赴上海周公馆访周恩来，商谈时局。

同日，黄炎培、沈钧儒、张君劢、梁漱溟、章伯钧、罗隆基聚会，为国民党单方面决定召开国大事致电蒋介石：“在此兵连祸结之情形下，犹谓国共双方代表能平心静气，共聚一堂，以讨论国家基本大法，宁非幻想。”“以为时至今日，国家必须立即终止内战，立即恢复和平，而后举行全国拥护之国民大会，制定真正民主之宪法，以实现国家之和平统一民主。”“犹可谓转祸为福之枢纽。”

10月

10月2日　民盟在沪中常委在愚园路联安坊11号招待李济深。

10月4日　上海各界5000余人在天蟾舞台举行追悼李公朴、闻一多大会，沈钧儒主祭，黄炎培代表民盟书写挽联“取义成仁，民之主也；青天白日，人可杀呼”，史良、楚图南分别介绍李、闻生平，罗隆基发表演说：“李闻两先生虽被杀死，但战士的血绝不会白流的！一个人倒下去，但千万个人会起来的！”

同日，民盟在上海红棉酒家举行记者招待会，罗隆基代表民盟说明对时局的态度：“如果召开国大引起长期的痛苦，即分裂，民盟非但不参加，还要挺身出来反对”；“美军如不撤退，民盟敢对美国说：中国的内战，美国要负责任”；“民盟不满意闻案的结果，尤其不满意李案至今尚未了结，民盟至今仍在督请政府负起责任，火速逞凶！”

10月6日　上海各界代表在静安寺公祭李公朴、闻一多两先生，黄炎培主祭。

10月7日　周恩来邀沈钧儒、章伯钧、黄炎培、罗隆基到周公馆商谈国府改组问题。中午，周恩来邀请沈、章、罗（黄炎培告辞）便餐。餐后据章伯钧告记者，席间只对时局一般问题交换意见。章伯钧不愿说明详情，仅喟然叹曰：“9月30日民盟为‘国大’事致蒋主席电。迄今还无下文，遑谈为人调解！”

10月8日　应张君劢邀请，黄炎培、沈钧儒、章伯钧、罗隆基等与周恩来、李维汉及孙科夫妇共进晚餐并商时局。

10月9日　黄炎培、沈钧儒、张君劢、章伯钧与青年党左舜生、陈启天,以及无党派人士郭沫若、钱新之在交通银行聚会,共商时局,拟对和谈作最后努力,决定次日分访孙科、周恩来后全体赴南京。

10月11日　梁漱溟由南京抵上海。黄炎培、沈钧儒、张君劢、章伯钧、罗隆基听其报告。上午11时,黄炎培等10人与青年党杨叔明、余家菊在交通银行聚会,梁漱溟专属美驻华大使司徒雷登敦促第三方面人士赴南京调解的口信。下午3时赴周公馆访晤周恩来。梁漱溟提出打开僵局新建议:停攻张家口,再开政协综合小组会议,暂缓颁布“国大”召集令。周恩来当即表示,如政府有诚意恢复和谈,必须立即停攻张家口,并将进攻张家口部队撤回原防。否则,中共将拒绝参加任何商谈。

10月12日　黄炎培、沈钧儒、章伯钧、罗隆基等在张君劢寓所紧急集会,一致认为蒋介石在国民党军队攻占张家口的情况下颁布下令召开国民大会,无异对第三方面人士飨以闭门羹与难堪,决定取消赴南京之举。会后他们分访孙科、周恩来。

10月13日　青年党李璜抵沪转达国民党政府意见,望民盟等第三方面赴南京调解,沈钧儒等表示暂不考虑。

10月15日　上午,国民党政府派国民参政会副秘书长雷震赴沪,请民盟等第三方面劝说中共代表团返南京和谈。下午,黄炎培、沈钧儒、张君劢、章伯钧、罗隆基等访周恩来,商和平大局,并转雷震代表国民党政府望中共代表团返回南京意见。晚6时,黄炎培、沈钧儒、张君劢、章伯钧、罗隆基等经协商,答复雷震:

(一)政府须先切实表示停战;(二)再派员来沪先为非正式商谈。

10月16日　张君劢、李璜等访晤周恩来,转告15日晚与雷震洽谈经过。

10月17日　报载蒋介石提出停战八项条件。上午10时,黄炎培到张君劢寓所研究八项条件。下午3时,黄炎培赴周公馆访周恩来,转告15日晚与雷震洽谈经过。晚7时,黄炎培在张君劢家与吴铁城、邵力子、雷震会餐。黄炎培代表第三方面就时局发表意见,强调政协五项决议有效。晚9时,第三方面推黄炎培、张君劢、章伯钧、罗隆基等7人赴周公馆访周恩来,告第三方面与吴铁城等洽谈经过。

10月18日　下午1时,黄炎培、张君劢、沈钧儒、章伯钧、罗隆基等7人至海格路(今华山路)范园张君劢寓所宴国共双方代表,餐毕合影留念。这是国共双方7月以来首次聚晤。下午,国共和第三方面代表在周公馆首次非正式商谈,黄炎培、罗隆基记录。会谈结束后,国民党政府在海格路望庐宴请中共和第三方面代表。

10月19日　下午5时,国共和第三方面代表在吴铁城寓所举行第二次非正式商谈。周恩来表明中共渴望和平的诚意,并接受返回南京进行和谈的邀请。当晚,周恩来在周公馆宴请各方代表。

10月21日　上午9时,黄炎培、沈钧儒、张君劢、章伯钧、罗隆基及青年党曾琦等,与周恩来等中共代表同机飞往南京。

10月31日　黄炎培返沪,同日作《苦口》一诗,示苦口婆心为和谈奔走。

11 月

11 月 1 日　章伯钧返沪，据章伯钧谈：此次第三方面被邀请去南京进行调解，确已失败，但尚未退出，现已建议召开政协小组会议，由国共双方直接交谈。

11 月 8 日　沈钧儒返沪。

黄炎培赴周公馆访董必武。

11 月 9 日　中国国际人权保障同盟在沪成立。刘王立明为主席，史良等为理事。

11 月 10 日　报载政府允非正式会谈及重开政协综合小组，局势似乎又好转，沈钧儒、章伯钧同访黄炎培，商 11 日同赴南京。

同日，雷震、周恩来先后来电，催促黄炎培、沈钧儒等赴南京。

11 月 14 日　晚 9 时，黄炎培、张君劢返沪。次日，《文汇报》以“黄炎培来沪准备闭门读书”为题报道黄由宁返沪的消息。

11 月 15 日　沈钧儒返沪。

11 月 23 日　黄炎培、沈钧儒等出席中苏文化协会在上海青年会举行的苏亮影展及欢送茅盾夫妇赴苏酒会。

同日，陶希圣致信黄炎培，劝其参加国大及政府，黄回信婉辞。

11 月 25 日　沈钧儒就民社党参加国民大会对记者发表谈话：“民社党和青年党一样，失去第三方面的立场矣。张君劢不参加国大，然其领导之党参加，乃他的决策。有如全身浸水，仅留头部在外，没有丝毫理由说：‘我未落水也’。”

11 月 30 日　中共代表团上海联络处和《新华日报》上海办事处在周公馆设宴，庆祝朱德总司令六旬寿辰，章伯钧、柳亚子、史良、沙千里、王绍鏊等出席。

同日，上海文化界、教育界举行陶行知灵柩迁移南京公祭仪式，王绍鏊主祭，史良、沙千里等参加。

12 月

12 月 17 日　沈钧儒 73 岁诞辰宴会在史良寓所举行，郭沫若、马叙伦、柳亚子、华岗、陈家康等出席。

12 月 18 日晨　民盟主席张澜抵沪，各界知名人士李济深、黄炎培、沈钧儒、章伯钧、张申府和中共办事处的华岗、潘梓年、钱之光、陈家康等及各报记者 30 余人登船迎接。张澜发表讲话，再次声明“在内战未停止，政协未实现之前，民盟根本不考虑参加政府”。

12 月 19 日　中共代表团上海联络处在周公馆举行午宴，欢迎张澜到沪和庆祝沈钧儒寿辰。

12 月 23 日　上海 11 个民主团体 500 余人在八仙桥青年会大厦联合举行欢迎会，民盟主席张澜在会上发表讲话，阐述民盟“和平、民主、统一、团结”的一贯主张，“我要大声疾呼，全国人民自己起来，扩大争取和平民主的阵线。我愿和全国人民一起，共同奋斗。谁要致国家于分裂，我们就反对谁！谁要独裁专政，我们就反对谁！”

民盟在永嘉路集益里 8 号（今 321 弄 8 号）张澜寓所召开中常委会，讨论对出席国民大会的民社党处理问题。

12 月 24 日　民盟中常委会决议：“有民主社会党党籍之盟员，而参加‘国大’者，应予退盟。”

12 月 27 日　上海工商界、金融界举行“星五餐会”，邀请张澜出席并演讲。

12 月 31 日　民盟举行一届二中全会预备会议，通过“民主同盟对片面宪法不予承认的宣言稿”。

1947 年

1 月

1 月 3 日　民盟中央常委章伯钧、罗隆基在沪就国民党政府进行改组发表意见，认为此举表明国民政府已决心关闭和平谈判之门，准备进行长期内战与分裂，并以此蒙蔽国际舆论，获美国 5 亿美元借款。

1 月 6 日　上午 9 时，民盟一届二中全会在愚园路联安坊 11 号开幕，36 人出席，黄炎培主持，张澜致辞，继由秘书处、组织委员会和宣传委员会、财务委员会做工作报告。

下午沈钧儒主持，民盟南方、华北、西北、东北总支及四川省支部报告盟务。

1 月 7 日　民盟一届二中全会。

上午章伯钧主持，民盟云南、重庆支部报告盟务。

下午，张申府主持，讨论有关组织审查案 9 件，决议成立西南总支部。

1 月 8 日　民盟一届二中全会。

上午史良主持，通过：（一）废止调整盟内党派办法；（二）设立浙江省支部。

下午罗隆基主持，讨论有关宣传议案，通过成立政治计划委员会章程。

1月9日　民盟一届二中全会。

上午邓初民主持，讨论有关财务案9件。

下午张东荪主持，罗隆基做政治报告。

1月10日　民盟一届二中全会。

上午章伯钧主持，通过《关于目前应采取的政治主张及行动》等决议案。

下午张东荪主持，决定增设基金筹募委员会、华侨委员会，推选张东荪为秘书处主任，沈钧儒为财务委员会主任，邓初民为教育运动委员会主任，罗隆基为国外关系委员会主任，黄炎培为基金筹募委员会主任，聘请彭泽民为华侨委员会主任。

1月12日下午　张澜主席赴上海周公馆访董必武，商时局。

夜，张澜、黄炎培、张东荪、章伯钧、罗隆基在集益里8号张澜寓所商盟务。

1月13日中午　张澜、黄炎培等在红棉酒家设宴招待来沪出席一届二中全会的外省盟员。

1月14日晚　民盟召开中常会，商工作。

1月20日下午　民盟在清华同学会举行记者招待会，张澜、沈钧儒、章伯钧、罗隆基、邓初民、鲜英、刘王立明等到会。罗隆基介绍民盟一届二中全会政治报告并答记者问。

1月28日　上海各界3000余人在青年会举行"一·二八"纪念会，黄炎培、沈钧儒、罗隆基、史良被推为主席团成员，大会通过《发扬"一·二八"光荣传统，开展爱国运动告全国同胞书》。

2月

2月1日　下午2时，民盟在青年会举行招待会，各界人士

200 余位参加，张澜主持，张东荪介绍民盟概况；董必武、马叙伦、褚辅成、施复亮、吴耀宗、文幼章、翦伯赞等讲话，罗隆基答谢。

2 月 6 日　下午 3 时，民盟召开中常会，张澜、黄炎培、沈钧儒等出席，决议扩大组织，以知识分子为主要对象，大量吸收盟员。

2 月 9 日　上午 9 时，上海三区百货工会在南京路劝工大楼召开“爱用国货抵制美货筹备委员会”成立大会，民盟中央委员邓初民与郭沫若应邀出席并准备演讲。大会开始不久即遭国民党组织的暴徒袭击，永安百货公司职员梁仁达被殴致死，造成“二九惨案”（又称“劝工大楼惨案”）。

2 月 10 日　民盟与民进、农工等成立“二九惨案后援会”，马叙伦被推为主席。

晚，董必武、华岗在周公馆宴请黄炎培。

2 月 11 日　民盟就“二九惨案”表示抗议，“希望政府一方面制止全国之恐怖压迫，一方面严饬出事地点之负责当局，对血案彻底办到惩凶抚恤等事件以息民愤，而重人权”。

2 月 17 日　沈钧儒、史良、沙千里、周新民、闵刚侯、林亨元等发表担任“爱用国货抵制美货筹备会”法律顾问启事。

国民党上海党部书记方治在中正北路（今石门路）新生活俱乐部向上海各大学校长训话中公然宣称：“二九惨案”是民盟一手造成的，黄炎培是“二九惨案后援会”幕后指挥。

2 月 18 日　国民政府上海市长吴国桢邀请沈钧儒、章伯钧、马叙伦去市政府谈话。吴国桢说：三位先生是民主同盟中央负责人，民盟也曾为劝工案发表过宣言、谈话，希望民盟劝阻治丧会出丧，只要三位老先生说话，他们一定会听的，三位老先生完全具备左右梁仁达治丧会阻止出殡的能力。对此，章伯钧的回答是："民盟作为党派表明自己的立场，对特务暴行加以谴责，向社会发出保障人权的呼吁，这是完全合法的、正义的举动。至于我们参加后援会那是个人行动，今天应邀到这里来，也是以上海市民身份来谈话的，后援会无权干涉治丧会的行为，我们个人的立场，于情于理也不应该劝阻治丧会出殡的。"

2 月 24 日　沈钧儒出席"二九惨案"受伤同仁慰问大会并作讲演。

3 月

3 月 3 日　中共中央负责人就中共驻宁、沪、渝人员被迫撤离一事发表评论说：此举表明蒋介石已决心最后破裂，放手大打，关死一切和谈大门，如不立即改变和放弃此种步骤，必然走上绝路，一切后果由蒋介石负责。

下午，3 时 20 分，董必武在南京电告钱之光：在沪中共财产移交民盟保管，并将此事由陈家康通知国民党吴国桢。

3 月 4 日　周恩来致电民盟主席张澜，商请民盟代为保管中共代表团在宁、沪、渝、蓉、昆五地的财产。民盟方面就此事于日内延请律师造册接受。

下午 5 时 30 分，董必武在南京电告陈家康：周恩来已致电民盟张澜，提请代管中共代表团财产。上海方面由陈家康去民盟联络移交事宜。接电后陈家康即分别向张澜和警备司令部联系。至 6 时许，董必武电告钱之光：中央指示中共在沪财产交民盟代管。

3月6日　下午4时，张澜、黄炎培、沈钧儒、章伯钧、罗隆基、邓初民、史良、周鲸文、张云川、鲜英在西爱成斯路集益里8号（今永嘉路321弄8号）商洽民盟代管中共代表团财产事宜。

3月8日　民盟为和谈正式破裂发表宣言："国共调解工作，虽已宣告失败，同人仍当日日怀念吾天职之所在，吾舌尚存，必发为言论，吾笔未秃，必写为文章。"

3月10日　黄炎培接受巴黎大晚报记者葛第业采访，谈民盟，黄竞武翻译。

3月12日　民盟代表与各民主人士张澜、黄炎培、沈钧儒、马叙伦、罗隆基、史良等56人对莫斯科会议发表意见：希望美苏英法四国外长会议对中国问题遵守不干涉内战的约束，立即撤退驻华军队，同情中国人民争取和平民主独立的运动。

3月14日～19日　民盟举行中常委会议，讨论时局及代管中共房产等事项，决议设立政治设计委员会，总会设上海。

3月17日　民盟在上海清华同学会举行记者招待会，罗隆基发表民盟坚守立场对莫斯科四国外长会议问题及人权保障问题谈话。

中午12时，沈钧儒、罗隆基等前往国民党上海警备司令部和宣铁吾洽谈代管中共代表团驻沪办事处财产事项。

3月19日　沈钧儒代表民盟前往上海周公馆，与国民党当局办理代管中共代表团房产手续。

3月26日　民盟召开中常委会议，讨论如何解决《民主报》被国民党当局查封事。

3月27日　民盟中常委商营救被国民党当局抓捕的民盟中

常委杜斌丞等。

4 月

4 月 21 日　民盟召开中常会，章伯钧、罗隆基报告在宁营救杜斌丞、骆宾基、王菊人失败之经过。

4 月 22 日　民盟中常会通过罗隆基起草的《中国民主同盟对时局宣言》。

4 月 25 日　民盟在青年会举行记者招待会，发表对时局宣言，认为改组的政府不是依据政协程序及精神产生的，不是促进和平的，不是实现民主的，并对政府无端逮捕杜斌丞、骆宾基、王菊人等提出严重抗议，公开指责美国杜鲁门总统的反共政策，要求帝国侵略主义立即退出中国。

5 月

5 月 3 日　国民党中央社发表所谓的《中共地下斗争路线纲领》和"政治观察员"的谈话，宣称"素以'独立'、'和平'、'合法'自诩之民主同盟及其化身民主建国会、民主促进会、三民主义同志联合会等团体，其组织已为中共所实际控制，其行动亦均系循中共意志而行。"

5 月 8 日　民盟中常会决定以张澜主席的名义致函国民政府行政院长张群，声明民盟的行动遵循民主轨道，采取合法手段，没有任何参与武装暴动的行动和图谋。国民政府既然以宪政为号召，那就应保障人民集会结社之自由，应给予公开和平的政党以合法平等的地位，政府对此有依法保障之义务。民盟指出，今政府竟以莫须有之词肆意诬蔑，那么政府方面实已"构成犯法行为，应负法律责任"。政府如不毅然悔悟，必不能见谅于国人，且将成为万世之罪人。

5月13日　民盟中常会决议：民盟参政员全体参加国民参政会，联络同情和平运动的参政员、各民主团体发起和平运动。

5月14日　国民政府新闻局长董显光在记者招待会上发表讲话："民盟与中共曾公开否认宪法及国民大会之合法性，该盟与反叛政府之中共既有密切关系，虽仍称系一和平之政党，然政府对该盟之态度将视其政策及行动如何而定。"

5月15日　晚8时，张澜、黄炎培、沈钧儒、章伯钧、罗隆基商盟务。

5月23日　张澜、黄炎培、梁漱溟、章伯钧、韩兆鹗5位参政员，向国民参政会提出《停止内战恢复和平案》，建议："确定政治解决党争的大原则，依据政治协商会议的精神及路线，重新举行和平会议，以达到全国统一的最高目的的具体方案"；在恢复和谈之前停止征兵与征粮征实，切实尊重人权，保障人民自由，取消封禁刊物的禁令和释放政治犯等。这一建议得到了许多民主党派、民主团体和民主人士的支持，但却遭到了国民党的反对。

5月29日　民盟领导人沈钧儒、章伯钧等在上海招待文化界人士，说明对这次"和平运动"的态度：第一，目的是要揭穿当局的"和平"攻势，以事实反对破坏和平的国民党当局；第二，我们今日争取的和平，不是要求恢复和谈，而是要使广大人民起来反内战、反独裁、反卖国。

6月

6月初　国民党军警特宪在沪、平、津等地逮捕民主人士和进步师生1000余人,民盟盟员百余人被捕,仅渝、蓉两地就有30余人。张澜立即致函邓锡侯,要求制止特务暴行并立即释放被捕盟员。

7月

7月8日　民盟以张澜主席名义就国民政府颁布"总动员令"发表书面谈话,"至今日政府下总动员令矣。同人痛心之下,复有何言","同人一日为中华民国之民,矢愿一日为民主和平统一而努力!"

7月23日　在获悉美国总统特别代表魏德迈将邀请民盟代表出席25日在美国大使馆举行的茶话会消息后,民盟于当夜集会。

7月24日　应美驻华大使司徒雷登之邀,黄炎培、张东荪、章伯钧、罗隆基由沪赴宁,出席次日在美使馆举行的茶会。

8月

8月24日　张澜主席致函国民政府行政院长张群,要求立即释放被捕盟员。

9月

9月1日　张澜主席再次致函张群,敦促释放被捕盟员。13日,张澜主席为促释放盟员三致函张群。

9月19日　张澜主席致函民盟马来亚支部代表大会,说明民盟最近对时局态度。

9月22日晚　张澜、黄炎培、沈钧儒、罗隆基、周新民、叶笃义商定民盟政治计划委员会活动计划。

9月26日下午　民盟在红棉酒家邀请专家33人商议政治

计划委员会进行程序。

10 月

10 月 1 日　国民政府新闻局长董显光在记者招待会上宣称民盟是“中共之附庸”,“民盟分子破坏总动员,参加叛乱,反对政府”。

10 月 2 日　张澜、黄炎培、沈钧儒、章伯钧、周新民、叶笃义共商由黄炎培针对董显光谈话所起草的书面谈话。次日,《大公报》以《民盟之行动——黄炎培昨有说明》为题发表。

10 月 7 日　国民党西安警备司令部公然枪杀民盟中常委兼西北总支部主任委员杜斌丞。为此民盟主席张澜发表声明,向国民党当局提出严重抗议。

10 月 8 日　张澜、黄炎培、沈钧儒、章伯钧、周新民、叶笃义共商盟务,决定委派沈钧儒、章伯钧、叶笃义赴南京与在宁的罗隆基一起,向美国驻华大使司徒雷登申述国民党当局对民盟之迫害,请他出面交涉。

10 月 23 日　国民党军警包围南京民盟总部,总部电告在沪的张澜主席。

10 月 24 日　上午 10 时,黄炎培、沈钧儒、章伯钧、史良、叶笃义在张澜寓所会商应对办法。

10 月 25 日　民盟代管的上海周公馆等处均由警官查视。

10 月 26 日上午　张澜、黄炎培、章伯钧、叶笃义在集益里 8 号商盟务。

10 月 27 日上午　张澜、黄炎培、沈钧儒、章伯钧、史良、叶笃义会商,决定如政府不下令民盟解散,即发表声明维持现状,通告盟员停止政治活动，据此原则，即派黄炎培、叶笃义赴南京与国民党当局交涉。

同日，国民政府内政部宣布民盟为“非法团体”。

10月30日　上海警察局派员接收民盟代管的中共在沪房产。

11月

11月4日晚　黄炎培、罗隆基、叶笃义在两名特务的监视下由宁抵沪。

11月5日　上午9时半，张澜、黄炎培、沈钧儒、罗隆基、史良、叶笃义、张云川在永嘉路集益里8号集会，听取黄炎培、罗隆基、叶笃义报告在南京与国民党当局谈判经过，沈钧儒、史良、张云川对黄炎培等携归的《中国民主同盟总部解散公告》表示异议，终因大局所迫，决照原稿发表。

11月6日　民盟以张澜主席名发表《中国民主同盟总部解散公告》。

11月7日　张澜主席以个人名义发表声明：“余迫不得已忍痛宣布民盟总部解散，但我个人对国家、民主、统一、团结之信念及为此而努力之决心绝不变更。”并呼吁全体盟员“继续为国家之和平、民主、统一、团结而努力”。

11月8日　下午4时，黄炎培、沈钧儒、罗隆基、史良、叶笃义在张澜寓所商民盟总部解散后事。

11月26日　在中共地下党组织的帮助下，沈钧儒乘船秘密离沪赴港。

1948 年

1 月

1 月 1 日　叶笃义带沈钧儒、周新民信函走访黄炎培。

1 月 2 日　张澜、黄炎培、叶笃义在广慈医院与住院的罗隆基商时局。

1 月 12 日　周济道自上海带罗隆基函交沈钧儒。

1 月 13 日　报载民盟在港开会,左右两派别分裂。同日,沈钧儒、章伯钧商复沪函事。

1 月 15 日　黄炎培走访张澜,与张澜、叶笃义同去广慈医院,与罗隆基商大局。

1 月 19 日　沈钧儒在一届三中全会致闭幕词时说:“我们接到上海同志们的来信,他们和我们完全采取了共同一致的意见。”

1 月 23 日　香港民盟总部给张澜发出致敬代电,给罗隆基发出慰问代电。

1 月 27 日　张澜、黄炎培、楚图南、叶笃义、邱哲、郭则沉、罗涵先在史良家商致港函。

3 月

3 月 2 日　张澜、黄炎培、叶笃义同访在虹桥疗养院治病的罗隆基,商致函民盟香港总部,表示彼此并无误会。

3 月 5 日　叶笃义带来拟好的致港函及罗隆基对时局的亲笔信。

3 月 12 日　沈钧儒、章伯钧、周新民同访民盟中委汪世铭。

(汪带有张澜、罗隆基、邱哲、叶笃义签名信，罗隆基另有亲笔信。)

3月17日　黄炎培到张澜寓所阅香港民盟总部来函。

5月

5月2日　张澜、黄炎培、叶笃义同往虹桥疗养院，与罗隆基会商中共《纪念"五一"劳动节口号》，特别注意口号第五项："各民主党派、各人民团体、各社会贤达迅速召开政治协商会议，讨论并实现召集人民代表大会，成立联合政府。"

同日，中共中央致电上海局，邀请张澜、黄炎培、罗隆基、史良等前往解放区参加新政协。

5月12日　沈钧儒托盛康年带函给张澜等留沪民盟中常委，介绍香港民盟总部对召开新政协的态度。

5月14日　盛康年走访黄炎培，交沈函。

5月17日　张澜、黄炎培、叶笃义去虹桥疗养院，与罗隆基共听由港来沪的张云川汇报。

5月19日　张澜、黄炎培、罗隆基、叶笃义在虹桥疗养院商复沈函。

5月20日　张澜、叶笃义、史良走访黄炎培，商决复沈函。

5月28日　萨空了走访沈钧儒，带黄炎培等来函。

6月

6月10日　张澜、黄炎培、罗隆基、叶笃义等在虹桥疗养院署名写贺信给苏联驻华新大使罗申，由叶带交罗申。

7月

7月12日　张澜、黄炎培、罗隆基、叶笃义在虹桥疗养院与即将北上解放区的张云川会商。

7月29日　张澜、黄炎培、罗隆基、叶笃义在虹桥疗养院讨论南斯拉夫问题。

8月

8月5日午　张澜、罗隆基、楚图南、郭则沉、叶笃义等在史良家会餐。

9月

9月26日午　张澜、黄炎培、罗隆基、楚图南、郭则沉、吴晗、叶笃义、罗涵先等在史良家会餐。

10月

10月5日　张澜、黄炎培、罗隆基、叶笃义在虹桥疗养院会商。黄在当日的日记中说："山(朱蕴山)伯(吴晗)已行。"

12月

12月7日　张君劢走访张澜，望张澜对蒋介石有意下野致函劝其接受，张澜拒绝。

12月12日　张治中走访黄炎培，谈"和平"步骤和方式。

12月27日　张澜、黄炎培、罗隆基、史良、郭则沉、叶笃义、罗涵先假高安路可安新村11号开会。

1948年底　闵刚侯通过史良约见叶笃义，要叶劝说张澜、罗隆基北上，说可以帮助他们安全离沪。

1949年

1月

1月5日　张澜在接受记者来访时说，希望中共按照毛泽东在《新民主主义论》所阐述的思想建设和治理国家。

同日，张澜评蒋介石元旦文告：蒋介石并不真正要和平。

1月17日　钟天心衔孙科之命走访黄炎培，征求对和谈意见，黄告之：蒋介石下野，宣布停战。钟问上海民间为何无人倡导和平，黄答：上海迄今已是恐怖世界，谁敢说话！

1月20日　中共中央电示在港方方、潘汉年、刘晓，望即邀请张澜、黄炎培经港北上，参加新政协。

1月22日　上午9时，张澜、黄炎培、罗隆基、史良、叶笃义在虹桥疗养院商大局。

1月23日午　张澜、黄炎培、罗隆基、郭则沉、叶笃义、罗涵先在史良家聚餐，商时局及盟务。

1月24日　甘介侯抵沪，与张澜、黄炎培、罗隆基等面晤，请求民盟调解国共关系。

同日，邵力子、张治中抵沪，与黄炎培餐叙。

同日，张群约黄炎培长谈。

1月25日　邵力子、张治中至虹桥疗养院，与张澜、黄炎培、罗隆基面晤，商请民盟调解国共关系。

同日，在解放区的民主人士胡愈之、韩兆鹗、吴晗、楚图南致电张澜、黄炎培、陈铭枢、罗隆基、史良："对反动派之阴谋彻底揭发，严予指斥。"

1月26日　《大公报》报道：民盟领袖已拒绝李宗仁和平使者请求，不拟赴宁参与政府的和平努力。

1月中旬　张澜、叶笃义走访即将北上的马寅初，请他向中共转告：(一)用人唯贤不要用人唯党；(二)共产主义外，还要加一点民族主义。

1月下旬　张群拜会张澜，张澜告诫他“最好跟人民走”，并说“应为四川人民做些好事。”

1月27日　黄炎培、罗隆基、叶笃义等出席陈铭枢为纪念一·二八举行的餐会。席间，郭春涛夫人告之黄炎培：国民党特务将绑架或暗杀张澜、黄炎培、罗隆基等人。

2月

2月3日　张澜、黄炎培、罗隆基致函李宗仁：“澜等此次不拟来京，定荷我公谅及。”

2月6日　张澜、黄炎培、罗隆基、史良、叶笃义、郭则沉、罗涵先等假福开森路20号（今武定西路40弄1号）共商盟务。

2月15日　黄炎培在中共地下党帮助下，秘密离沪赴港。

3月

3月5日　民盟总部临时工作委员会在北平正式成立。

3月7日　总部临工会致函张澜、罗隆基、史良等，告之总部临工会已在平成立，并盼张澜等“早日命驾来平参加领导”。

4月

4月4日　张澜、罗隆基、史良、叶笃义联名写信慰问经营救出狱的21位盟员，并由和成银行汇去4两黄金。

4月初　被蒋介石撤掉四川省主席职务的邓锡侯来沪，张澜劝他：“要看清形势。”

4月11日　张澜致函刘文辉，恳切规劝“有所表现”。

4月20日　浦熙修携程思远致张澜、罗隆基函，到访虹桥疗养院。程在函中说中共请李宗仁备机送张澜等赴平出席新政协。(据叶笃义回忆,提出来派机送张澜等民盟中委至平的是朱蕴山。李虽同意,但上海方面拒不执行。)

5月

5月初　有国民党特务去虹桥疗养院查视,问张澜:是否恢复组织,是否北上,是否出面主局部和平等等。

5月7日　史良到访虹桥疗养院,告之张澜,中共有电催张澜速北上。

5月9日　国民党上海警备司令部召开紧急会议,稽查处长何龙庆说奉上峰指示要逮捕民盟主席张澜、副主席罗隆基,此二人现住虹桥疗养院,必须迅速采取措施,勿使其脱逃。

5月10日午　张澜、罗隆基被国民党特务软禁。

5月11日　凌晨2时,军警特务包围开纳路165号(今武定西路1357~1359号)史良寓所。(10日下午史良接到中共吴克坚电,告之特务即将下手,随即出走。)

5月24日晚　在中共全力营救之下,张澜、罗隆基脱险。

5月28日　陈毅代表中共慰问张澜、罗隆基。

同日,张澜、罗隆基、史良等联名发表声明,祝贺上海解放。

5月29日　张澜致电毛泽东、朱德、周恩来、董必武:“澜不久将与罗努生兄等来平聆教”。

5月30日　民盟总部临工会致电张澜等:“闻诸同志已脱险,特电慰问并盼电告近况。”

5月31日　张澜、罗隆基、史良等致电毛泽东、朱德,庆贺上海解放。

同日,沈钧儒等致电张澜及罗隆基、史良等:“请即联袂北来,主持四中全会。”

6 月

6 月 1 日　毛泽东、朱德、周恩来、董必武复电张澜:“先生及罗先生准备来平,极表欢迎。”

同日,张澜复电民盟总部临工会:“盟员有数人遭难,弟等平安脱险。”

6 月 17 日　民盟上海市支部举行大会,欢送张澜、罗隆基、史良等离沪赴平。

回忆录

山雨欲来风满楼

——民盟一届二中全会前后

罗涵先

1947 年 1 月，民盟在上海举行了历史上具有重要意义的一届二中全会。大家知道，一届一中全会是在重庆开的，那是在 1945 年秋季。其后，民盟参加了包括国民党、共产党和民主同盟在内的政治协商会议，达成了五项协议。闭会以后，举国为之欢腾，以为国内和平有了希望。岂料墨迹未干，国民党举行了一次“二中全会”，就把政协会议成果全部否决了，并制造了举世震惊的“李闻血案”。1946 年整个这一年是“谈判年”。但“谈判”的结果却因国民党的破坏而以失败告终。

在这严峻形势下，国民党反动派一意孤行，不顾人民的愿望和历史的制裁悍然召开了一党“国大”，以使其反动独裁“合法”化。这是一个关键时刻，在光明与黑暗、团结与分裂的民族命运分野之际，对待一党“国大”的态度，成了区分国内一切政党和政治家进步与反动、革命与反革命的分水岭。这时青年党表态了，民社党也表态了，这两个曾是民盟组成部分的小党派最终现出了原形，走向人民的反面。国民党向民盟发出了诱饵，其后，又向民盟的个别领导人提出了以个人身份参加一党“国大”的“条件”,但都遭到了拒绝。1946 年 11 月 15 日,国民党反动派处心积虑地制造的一党“国大”终于在南京粉墨登场,民青两党助兴演出。圣诞节前夕,民盟中常会从严肃的政治原则出发,做出了最后的裁决,继青年党出盟之后,将参加一党“国大”的民社党驱逐出盟。

那是一个晴朗的下午,祝公健、王颖俩同志奉民盟总部之命,将驱逐民社党的通知送往民社党总部,他们俩人找到我,约我一起去,我同意了。这样,我们 3 人就一同去了民社党总部,见到孙宝刚、孙宝毅兄弟,他们俩人看了信都愣了。其实这完全是合乎情理的发展,他们两个人对此竟没有思想准备。就在这时,民社党的一部分人宣布脱离该党,另一部分人则成立了革新派。

那时,民盟的主要领导人都较年轻,一般在 40 岁左右,只有张澜、沈钧儒和黄炎培年纪大些。那次我们去送信的 3 个人的年龄合在一起,还不到我现在的年龄。后来,我们 3 人有机会在香港合拍过一张照片,摄像人是王健同志。前年,王健同志把它捡出来送给我,但已经很模糊了。

照片和记忆虽然模糊了,但当时形势与民盟立场却是十分分明的。当非法的“国大”在南京举行时,民盟总部发言人发表了立场鲜明的谈话,指出“这次召开的国大违背了政协会议的整个精神,破坏了政协决议的程序”,民盟对这次会议采取全面否定、彻底决裂的态度。同时,民盟总部向全盟发出紧急通告,要求全盟各级组织和全体盟员抵制这次非法会议。

12 月 25 日,非法“国大”通过了非法《宣告》。一周以内,民盟总部经过郑重地讨论，由发言人出面再次发表了立场鲜明的谈话，指出“美丽的条文不能掩饰制宪的不合法”。31日，民盟总部又郑重发表声明，宣布国民党的“制宪”丑剧“没有人民的支持，法律的根据，它本身就是违法的行为，民盟坚决抵制”。从此，民盟在国民党统治区处境维艰。

国民党的倒行逆施在政治上是一个不祥的信号，它预示着全面内战即将爆发，暴风雨就要来临了。

民盟作为一个对历史，对人民负责的严肃政党，在处境十分艰难，形势十分严峻，环境十分险恶，任务十分紧迫的情况下，在沪召开了历史性的一届二中全会。作为这次全会的亲身参与者，我对这次会议不仅在思想上有过极大的震动，而且在感情上有过极大的奋发。原因在于这次会议的时机太特殊了，对民盟的未来太重要了，它所讨论的问题对国家对人民关系太重大了。所有与会的人都充分意识到它的重要性和将要产生的影响，所有参加的人都意识到了我们正在做一件十分严肃的事情，是在历史发展的重要时刻所做的重要决策。全会《政治报告》分析了形势，指出：“中华民国35年是一个‘谈判’年。中华民国整整一年的时间就耗费在这‘和谈’二字上面，而我们民盟去年一年的大部分精力亦耗费在这‘和谈’两字上面。所得到的结果是谈而未和。在过去一年中，不止国家没有民主，全国国民并且没有看见和平。这是国家极大的损失。”《报告》对已经失败的政协会议做出了历史评价。指出：“民盟对政协会议，在开会以前，在开会期中，在开会以后，都曾用充分的诚意，极大的努力以争取成功。到今天回顾起来，政协会议是成功，而政协决议的执行是彻底的失败。”“假使要确定一个政协决议被撕毁的纪念日期，那当然是十一月十五号，因为去年十一月十五号政府毅然决然举行国民大会开幕典礼。”《报告》满怀感情地说：“不可否认，站在政团的立场，对国共两党的党争，民主同盟是个第三者……但民盟既是个独立自主的政团，我们依据我们的政纲政策以争取国家和人民的福利，民盟对国事自然应该明是非、辨曲直。是非曲直之间就绝对没有中立的余地。民主同盟的目的是中国的民主，是中国的真民主。民主与反民主之间，真民主与假民主之间，就绝对没有中立的余地。这是我们民主同盟坚定不移的方针。”《报告》在分析国内状况时沉痛指出：“今天中国老百姓活不下去，做不了人，这绝对不是过甚其词的渲染。我们今天只好承认语言文字绝对不能描写出来中国社会的痛苦、凄惨与悲哀……中国通常有所谓‘士农工商’各界。试问，今天哪一界的人，活得下去，做得了人？”公教人员“仰不足以事父母，俯不足以蓄妻子”。“寒无衣，饥无食，病无以医治，死亡无以葬埋。这是怎样的一个绝境？”在农村，“中央征兵征实，地方勒捐勒税，绑捉壮丁，竭泽而渔；搜缴实物，杀鸡取卵。少而强者死战场，老而弱者填沟壑。年不荒而饥，岁无灾而馑。鬻卖妻子，买者无人，典田当地，受者无主。倾家则无家可倾，破产则无产可破。这又是何等的凄惨！”《报告》淋漓尽致地描绘了中国大地上哀鸿遍地、民不聊生的情景，表达了广大正直的中国知识分子对国民党反动派的强烈愤恨，义正词严，可昭日月。在今天，当我们回忆当年，奋笔疾书时，仍然不能不义愤填膺，心潮澎湃！

二中全会是在饱满的政治情绪中举行的。那时，民盟在上海的会议常在李济深、章伯钧家举行。这次二中全会是在章家举行的,地方不大,与会人数也不多。由于局势动荡,几乎每天都有新鲜事情出现,新闻记者非常关心民盟这次会议,出出进进,使原已局促的会场更显拥挤。外地来沪的委员多数住在朋友家里,出入也没有汽车,秘书处只有两三个人,和现在的情况完全不同。

在那次会议中,我参加了提案审查组的工作。提案审查组又分为几个小组,我参加的是宣传组,组长是沈志远,副组长是叶笃义。在审查提案时,发生过一件事:就是有位中委,提了一个《确立民盟政治立场,为实现中国民主而奋斗》的提案。但在内容方面,却提出了既不偏向国民党,也不偏向共产党的主张,国民党的一党"国大"固然不参加,将来如果共产党开这样的会,民盟也照样不参加。宣传组研究了这个提案,一致给以否定。当时国民党正在召开一党"国大",民盟在此时若通过这样一个"不偏不倚"的提案,无异于同自己的一贯主张唱反调。因此决议文是一句奇怪的话:"照提案通过",即只通过提案的名称,而不涉及内容。决议文这样写,确实很特别,因为其它提案被通过时,只有"通过"两个字,而这个提案的决议文,多写了"照提案"3个字,但到会同志都很清楚这个写法的实际含义。这是一桩历史公案。几十年后,当一些研究盟史的同志从纸堆里发现这个提案和决议文以后,不明真相,就一口断定二中全会是"中间路线"的,并且"铁证如山"。其实,这是一个误会。而这个误会只有那个时代的人,只有参加过那次会议,尤其是参加过提案审查组的人才知道其内情。在这里,我有责任把它公布出来,以使研究盟史的同志不要被故纸堆所迷惑。

二中全会以后,民盟在历史紧要关头的政治态度已昭然于天下,气急败坏的国民党反动派终于在1947年10月1日宣布民盟是“中共之附庸”,“参加叛乱,反对政府”,10月27日,进一步冒天下之大不韪,悍然宣布民盟为非法团体。

山雨欲来风满楼。从1946年底到1947年上半年的政治现实表明,国民党反动派磨刀霍霍发动全面内战的阴谋早已司马昭之心路人皆知了。民盟的被宣布为非法团体,只不过是逻辑的必然罢了。

1947年的冬季是寒冷的沉重的,人们在严肃的思考中度过了这个难耐的冬天。年底,我们踏上了飞赴香港的新征程。决定民盟命运、形成民盟历史转折的一届三中全会于1948年1月在香港召开了。从此,民盟历史翻开了新页。

(摘自《我与民盟》,群言出版社1991年版)

1946、1948 我的两次沪上之行

吴　晗

1946 年日本帝国主义投降以后，西南联合大学解散了。三校师生都复员北上，我也取道上海回到北平。

在上海，华岗同志来看我，他给我一笔钱，补助路费。又和冯雪峰同志与上海的民主人士都见了面。到大同大学、圣约翰大学、中教联、小教联讲演，参加了上海车站欢送马叙伦的群众大会和游行。7 月 11 日、15 日，李公朴、闻一多先后被暗杀，消息都是联大学生刘时平（党员，现在《人民日报》）告诉我的。悲愤之极，只好用文字来控诉。接连在《群众》、《周报》、《民主》、《文萃》和《文汇》报上发表许多篇追悼的文章。大约是在 17、18 日晚上，在张君劢住的地方看见周恩来同志。

1948 年 8 月间，我又到上海了。原来准备第二天就乘飞机到香港，和在香港的朋友们一道进入解放区的。不料当天的报纸登载了到香港买飞机票得凭相片的消息，香港是去不成了。当天晚上西谛（郑振铎）先生就来看我，并立刻用电话通知一些朋友，一起在一个朋友家吃晚饭商量办法。这次我在上海停留了个把月。他谆谆告诫，行踪一定要严守秘密，切不可在公开场

合露面。有一次他陪我买一支自来水笔,铺子里问要不要刻名字,我说要,提笔刚写了吴字上半的口字,西谛先生立刻抢笔过去,代我写了“辰伯”二字,还白了我一眼,意思是怪我太粗心了。在上海的时候,张澜离平前筹措路费,严景耀夫妇给了我50元美金,清华的美国教授温德给我150元美金。温德这笔钱,解放后分作两次归还。还钱以前,曾经请示过刘仁同志。但是由于缺乏群众斗争的锻炼,由于没有系统的学习理论,虽然从来没有学过资产阶级的政治理论,在思想上却深深中了资产阶级议会制的先入为主的毒害,尽管学习过《新民主主义论》和《论联合政府》,文字上懂了,道理上却并没有懂得透彻。以前,在上海的时候,张澜、黄炎培、罗隆基交给我带到解放区的意见,主要是民盟参加联合政府,要保持退出的权利,成为在野党。这种违反新民主主义理论和联合政府原则的行为,当时不能加以驳斥。只是声明这个意见必须得民盟的沈钧儒、章伯钧等人的同意后,才能作为民盟的意见呈送给中共中央。后来到解放区以后,沈、章从海道到东北,无从征求他们的意见。这件事就作罢了。

(摘自《上海文史资料选辑》第119辑)

我和上海民盟的关系

李文宜

1946年5月3日,我随民盟总部飞往南京,住在蓝家庄和高门楼。蓝家庄和高门楼都在特务们的视线范围之中。好在主席张表老(张澜号表方)、沈衡老(沈钧儒号衡山)、史良大姐、黄任老(黄炎培号任之)等常委住在上海,章伯钧农工党的机关也在上海。许多常委如陶行知、邓初民、张君劢、罗努生(罗隆基号努生)也都在上海,因此中常会也常到上海去开。表老有时回成都,有时来上海;他的住处有张云川、叶笃义、陈新桂等陪住。所以民盟总部的政治活动都在上海。上海的盟员尚丁等经过了沦陷时期艰苦的地下活动,这时半公开成立了民盟上海市支部,由章伯钧兼任主任委员。二中全会后,民盟上海市支部改选,由王绍鏊任主委。当时只有一百多人开会,我也参加过他们的会议。

1947年5月份,周新民同志要到上海去接收马思南路周公馆及中共在上海的一切财产,也要我去帮忙,并叫郑雁在三楼帮助清理杂物。上海不同于南京,一切都要负法律责任。黄炎培要分些在外滩的新华印刷厂的房屋,宋庆龄也要了一栋房子。后来,这里就成了民盟的中央机关,由辛志超负责管理机关事务。陈新桂等干部也都住在这里。大家和在南京时一样，机关管饭食，干部没有工资，来住的人多，吃饭的人也不少。

3月7日，中共代表团全体人员被迫限期从南京撤退后，内战的烽火已遍地燃烧。国民党反动派下令于3月17日进攻延安。令人十分担心的是：大批撤退的同志在枪林弹雨下是否能平安到达延安？而且十天中胡宗南、阎锡山的军队已奉命包围延安。在敌强我弱的情况下，毛主席很巧妙地做了战略转移，所以敌军进了延安，只扑了一座空城，胡宗南还虚报大捷，蒋介石以为共产党真被消灭了，不料不到月余时间，毛主席等中央领导同志又胜利地回到了延安。当时我们也不曾预料到会这样快，会有这样好的消息，还在忧心忡忡呢。在上海的各民主党派自中共代表团撤离后，都感到群龙无首，很不方便，民主建国会的一位中委说："大哥走了有二哥，我们去找民盟吧。"

民盟二中全会曾决定成立一个政治设计委员会，聘请盟外人士参加，于是在南京蓝家庄开了个成立会，公推施复亮为主任，主持首次会议。当时到会约三四十人，我也去参加了。大家热烈地讨论了如何实现和平与民主的大问题。他们对国民党政府已完全失望。当时报纸上发现有主张中间路线的文章，主要是李平心等人写的，引起不少人写文章和他辩论，但也有人拥护，成为上海热闹一时的思潮。我们民盟的人没有参加。

国民参政会还在上海继续开会，民盟的参议员不愿意参加了，但章伯钧仍想参加。他问我，我说"能利用这个论坛，发出正义的呼声也未尝不可"。其实中共代表团不参加了，民盟代表又能起什么作用？章伯钧还是拿不定主意。二中全会后我和王深霖、严佑民、韩兆鹗、冯素陶、辛志超、王一帆都是民盟中央组织委员会的委员，章伯钧为主任，辛志超为副主任，由章伯钧召开组委会，贯彻执行二中全会关于组织工作的有关决议。所以，章的态度是很重要的。

民盟二中全会期间，刘清扬从北京传来了美军强奸女大学生沈崇的消息，激起了全国人民抗议美军暴行的怒潮。这使我想起刚复原回上海时，曾听说上海妇女界有许多团体曾发动妇女投票，选举妇女领袖，结果鲁迅夫人许广平一人得票最多，赞成她的有二万多张选票。这是报纸上登载过的消息。我们初到上海，和上海的妇女群众不曾有过接触，一时无法发动反美抗暴运动，于是我和李健生二人就去拜访鲁迅夫人许广平，希望她能号召上海妇女行动起来，抗议美军暴行。她立即表示同意，并愿召开各界妇女代表的座谈会来商讨办法。座谈会由李健生发通知，来的人不算少。会上大家同意举行抗议暴行的活动，但首先要各团体认捐经费，把民盟也算作一个团体，可民盟是拿不出钱的，所以我们也就说不上话，起不了什么作用，我这才了解在上海不管做什么，动手就得花钱，否则开会时就显得自己很寒酸，谁也瞧不起你。我和李健生又都是失业者，连个筹备委员都选不上。这时，我想起第二步棋，我为什么不先把民盟女盟员组织起来，有了群众基础才好办事。

这时上海已有盟员三百多人，但都已转入地下，不公开活动了。这是因为半年多以来民盟处境恶劣，各地连续发生惨案，牺牲了不少人。我向辛志超要来民盟盟员名单一看，其中上海女盟员有五十多名，我抄下她们的姓名和住址后，就和李健生一起挨家造访，最后，将他们分成三个小组：第一个在北四川路我认识的女同志黄静信家，并以她为组长；第二个在愚园路谭平山先生家，我认识他夫人孙荪荃，并以她为组长；第三个借柳亚子先生家，在公共租界，获他夫人同意，愿意让女同志们定期到他家去开会，组长名字我忘了，是李健生熟悉的农工党员。这三个小组都是在上海有轨电车可以直达的交通线上，每个小组开会我们都能去参加。女同志们看到我们来参加会，都非常高兴。出访的次数多了，我们就将电车票带回来，向辛志超同志实报实销，因当时我和李健生都是失业者，除了总部机关有饭吃外，零花钱一文也没有，但我们的工作热情并不因此而受影响。12 月底，民盟中央妇女委员会发表《抗议美军暴行》的声明，这三个小组的盟员在上海抗议美军暴行的运动中都表现得很积极。

在上海市，我还做了一些妇女宣传工作。有一天苏联塔斯社的《时代日报》女记者严玉华同志来访，说请我编辑《时代日报》的妇女版副刊。《时代日报》是苏联商人办的报，不受国民党宣传部的审查约束，是很好的宣传阵地，我就同意了。我还请沈钧儒为我们妇女副刊题了刊头，每星期出一次。正好我有三个小组、几十位读者和经常撰稿人，如彭慧、李洪等等都是当时著名的女作家，我还找到在山东敌后解放区工作过的刘芳同志约她写介绍解放区妇女生活的文章，逐期连载，她写得很生动。我自己每期也写个千把字的短文，取得点稿费好买车票。每次副刊出版后，我就带着去参加小组会，把妇女副刊分给大家看，并请她们提改进意见。我的这种活动，当然受到女同志的支持，只是她们不无担心地说："你带着这些报刊乘电车，不怕危险吗？"

这时除中共的参政员外，民盟和无党派、国民党的参政院还在开参政会讨论国事。有一次，许广平告诉我说，“你们的一位女盟员好出风头，她以参政员的身份招待中外新闻记者，说她主张将来国共两党可以划江而治”，“她投机取巧走中间路线，丢你们民盟的脸”。我听了很生气，告诉了沈钧儒，请他注意这个问题。到了下半年，局势越来越严重，国民党反动集团为了源源不断地从美帝手中获得军事和经济援助，支持反革命内战，便不惜出卖国家主权，与美国秘密签订一系列丧权辱国的条约和密约，使美国在中国获得了政治、军事、经济、文化种种特权，使中国成为美帝的半殖民地。老百姓说“前门拒虎（日帝）、后门进狼（美帝）”。

为了维护民族的独立和尊严，国家主权的完整，民盟对美帝的侵略行为和国民党的卖国政策进行了一系列的斗争。早在1945年12月，民盟中央的领导同志在重庆举行中外记者招待会上就明确指出：“中国的事情由中国人自己解决，要求撤退驻华美军。”1946年8月又对记者发表谈话，公开谴责美国以剩余物资帮助蒋介石打内战。9月23日，民盟领导人和一些民主党派、民主团体代表发起“要求美军退出中国周”，表示中国人民绝对不愿外国军队驻在中国。10月4日，民盟政协代表发表谈话，8日，总部在上海发言人举行记者招待会，都表示民盟坚决反对美军驻华，美军如不撤退，中国的内战美国要负责任。

自1947年民盟总部被迫宣布解散后，史良一直在领导民盟上海市支部的地下工作，而且几乎牺牲了性命。上海解放后史良和救国会的一些骨干都要集中到北京工作了，她就物色了一位接班人担任民盟上海市的主任委员，但当时的副主任、上海圣约翰大学教授陈仁炳对这个安排有不同看法。他是我的外甥（我大姐的大儿子），有一天他到我的住处来发牢骚，我一面批评他骄傲自满，一面也觉得上海是个大都市，是需要一位得力的人物去主持民盟工作，我就问他："假若沈志远去当主任，你觉得怎样？"他立刻回答说："他是老前辈，当然好。"我就去找沈志远谈，因沈是我在莫斯科中大的前后同学（我去学习时他已当翻译了），在盟内我们能谈得来。当时他听了有点为难，说领导已分配他到燕京大学当校长，他已答应了，又怎么能离开北京呢？我说："燕大的校长固然重要，但上海全市的知识分子能团结在党的周围，那不更重要吗？"他听了点头，然后我到史良那里去提出建议，立即为史良等所接受，并由他们去向中央统战部提出要求。

（摘自《李文宜回忆录》，东方出版社2004年版）

民盟被迫解散的前前后后

叶笃义

自1947年3月，中共代表团从国民党统治区撤退之后，民盟便成为国民党的主要压迫对象。当年7月1日，蒋介石发布《动员戡乱令》。国统区的宣传机构就动员起来向民盟进攻，谩骂民盟为“奸盟”，盟员为“奸匪”，“为中共操纵指使之工具”。孙科在记者招待会上对民盟进行恫吓，说“反内战就是反政府，反政府就按照处置共产党办法处置”。民盟在重庆、西安、昆明等地的机关报纸和刊物先后在几个月内被封闭。

1947年10月初，国民党捏造了一个“贩卖毒品”的罪名，把民盟西北总支部主任委员杜斌丞逮捕起来。民盟总部一直通过合法手续向蒋介石请求释放，被置之不理。到10月7日，蒋介石突然以“中共关中地委负责人”、“勾结匪军，密谋暴动，贩卖烟毒”等等莫须有的诬陷罪名，把杜斌丞公开枪决了。一年以前蒋介石杀害了民盟负责人李公朴、闻一多，采取的是暗杀手段，事后还假装一下追查惩凶。这次对杜斌丞则以“通共匪”的罪名公开杀害。这件事给民盟一个很大震动。民盟当时仍然以合法手续向蒋介石提出书面严重抗议，同时张澜以主席的名义在报上登了一个公开声明,“将案情诉诸全国及全世界之公道与正义”。蒋介石均置之不理。民盟同蒋介石之间的关系搞到如此僵化的地步了,这时却仍然沉溺于对美国的幻想。于是,派沈钧儒、章伯钧、罗隆基和我到南京找司徒雷登,请他出面调解民盟和蒋介石政府的关系。我记得司徒雷登对这次谈话看得非常郑重。平时他同民盟不会讲英语的领导人谈话的时候,多半用中国话交谈。这次他完全说的是英语,旁边还坐着一个名字叫拉登(Ludden)的美国参赞做记录。司徒雷登当时以“不便干涉中国内政”为辞,给民盟碰了一个软钉子。

10月中旬以后,山雨欲来风满楼,国民党动员各地的御用团体开始在报上叫嚣要求解散民盟。陶希圣甚至辱骂民盟是“张邦昌,石敬瑭,郑孝胥,赵欣伯”。10月20日,民盟南京梅园新村总部突然被包围,民盟人员的行动被跟踪监视,对罗隆基的监视尤其厉害。当时民盟领导人都住在上海,罗隆基一人坐镇南京,代表民盟同各方交涉,他一连从南京打来几次电话到上海,向张澜告急,请示办法。10月26日张澜在寓所召集了一个紧急会议,讨论如何应付。参加者为沈钧儒、黄炎培、章伯钧、史良和我。在开会过程中,黄炎培写了一个小纸条给张澜,纸条上写的是“自动解散”四个字。当时大家不同意这个意见。最后决定推黄炎培和我即日由上海到南京,会同罗隆基找国民党和司徒雷登办交涉。

我当日夜车去南京。黄迟了一天,27日夜车动身去南京。我28日到南京下关车站去接他。当天报上用特大标题登出“政府宣布民盟为非法团体”的消息。黄到达南京后,立即同我到邵力子家中。邵先生平日待人接物一向是和颜悦色的,这次却表现得非常严肃。直截了当地对我们说,事情发展到现在这步田地,一切都无能为力了,“民盟不成仁,便成义”(这是他当时的原话。他并没有加以引申解释。我们当时认为这句话的含义是非常严厉的:民盟或者牺牲,或者投降)。邵先生还责怪民盟对杜斌丞被杀害这件事,一方面向蒋提抗议,另方面又在报上发表表明“要诉诸全国及全世界之公道与正义”。从邵先生的口气看来,国民党方面对这个问题已没有交涉和谈判的余地了。

因为梅园新村民盟总部已被军警特务包围,我和黄炎培只好分头各找自己的亲友家借住。这个时候接待民盟的人居住,是要担很大风险的。

在罗隆基的提议下,我们三个人当天在司徒雷登的寓所碰了头。从10月28日起到11月4日我们离开南京止,黄、罗和我三个人的会面,前三天都是在司徒雷登处,后几天邵力子在国民参政会让出一间屋子来给我们碰头。司徒雷登当时的态度同国民党是一致的,他一方面推说这是中国的内政,他无法干涉,但同时又直截了当地提出了“民盟光荣解散”的建议。我们每天上午先在司徒雷登那里碰头,下午去找国民党办交涉。我们会见了吴铁城和张群。他们的说法同邵力子完全一致。

10月29日国民党中央社发表了所谓民盟参加叛乱的经过的报道。国统区各地军警机关陆续公布取缔民盟活动的办法,限令民盟成员登记自首。我们在南京办交涉的三个人,下一步棋怎么走呢?当时任国民党政府行政院院长的张群最后说:同民盟办交涉的责任蒋介石已委托给陈立夫了。陈立夫表示只愿同黄炎培一人接头,而不接见罗隆基和我。黄同罗和我的碰头以后不在美国使馆,而由邵力子在国民参政会为我们提供一个房间。这个时候我们三个人也只好俯仰由人,没有一点独立自由的余地了。我们的活动已经不是争人权争自由的合法斗争,而只是在答应停止活动和解散的前提下如何做文章了。

黄炎培同陈立夫单独办交涉,每天上午我们三个人在国民参政会碰头,由黄炎培介绍交涉情况。交涉结果最后搞成一个书面文件,那就是 11 月 6 日民盟在蒋管区各报上发表的解散公告。据黄炎培说,陈立夫向他表示,文件上的文字一个字也不许更动,发表的时候如有只字变动即全部作废。当时国民党对罗隆基的监视比其他人都更严,罗一出门,特务军警便紧紧跟在后面盯梢。罗在讨论时希望在文件上提出免除对他的监视。黄炎培对这点也未能办到,而文件上却把某几处的房产移交和借用等琐碎问题规定得仔仔细细。罗一度非常愤怒,打长途电话给在上海的张澜,表示反对黄的做法。后来黄得到陈立夫的口头应许,答应罗隆基可以离开南京,到上海住进医院,费用由国民党包下来,可以免予监视。这样罗隆基才同意了。我们三个人 11 月 4 日乘夜车由南京返回上海。在黄炎培同陈立夫办交涉的过程中,司徒雷登要求我把交涉的最后结果告诉他。在我们离开南京之前,取得黄、罗的同意后,我把所拟的民盟解散文件抄了一份送给司徒雷登。

我们三个人 5 日早晨回到上海,立刻同到集益里张澜寓所开紧急会议。这时沈钧儒、史良已经等在那里。章伯钧躲起来了,后来听说他已经或正在准备去香港。张云川适于此时到达上海,也参加了会议。陈新桂以表老秘书的名义旁听。张澜的卧室在二楼,我们挤在那个小房间里开会。楼下客厅这时已经挤满了军警和等候在那里准备发表新闻的各报社记者。集益里8号门前的小弄堂里挤满了军警特务的汽车。

民盟参加这次决定命运的会议的人是张澜、沈钧儒、黄炎培、罗隆基、史良、张云川和我。首先由黄炎培报告交涉经过,随后宣读我们三人由南京带回的那份宣布解散的书面文件。会上沈钧儒、史良和张云川最初表示不同意,提出是不是还有讨论其他办法的余地。张澜最初也表示犹豫。最后经黄炎培陈说利害,罗隆基和我自然也加以附和。无论怎样说,文件是由我们三个人共同负责的。当时集益里8号内外军警特务云集的气氛,确实也证明了邵力子"不成仁便成义"的说法。最后大家勉强同意下来。我含着眼泪下楼,把这个痛心的文件交给等候在那里的大批记者。我当时的心情有如战败国的代表手捧着投降书递交给战胜国代表。第二天(11月6日)全国见了报。

解散文件是张澜以主席的名义发布的。他感到非常沉痛,当晚一夜未眠。第二天清早便叫我根据他口述的大意,替他拟了一个以个人名义发表的书面谈话。全文是这样的:

余迫不得已,忍痛于11月6日通告全体民主同盟盟员,停止政治活动,并宣告民盟总部解散。但我个人对国家之和平民主、统一团结之信念及为此而努力之决心,绝不变更。我希望以往之全体盟员,站在忠诚国民之立场,谨守法律范围,继续为国家之和平民主统一团结而努力,以求达到其目的。

我把这个谈话稿发至上海各个报社。张澜希望通过这个书面谈话,使全国盟员了解到,他在头一天以民盟主席名义发布的解散公告,在形势上是“迫不得已”的,在心情上是“忍痛”的。即使这样一个照顾到客观形势号召盟员“谨守法律范围”的书面谈话,除了当时苏联在上海所办的中文《时代日报》于11月7日全文发表而外,其余所有中文报纸都拒绝或不敢登载。张澜沉痛地对我说:“杀头我是不怕的。我之所以这样做完全是为了照顾到全体盟员的安全。至于我的一切早已置之度外了。”他的这番话道出了他当时的心情。

(摘自《虽九死其犹未悔》,北京十月文艺出版社1999年版)

解放前夕张澜在上海

张茂延

先父张澜生前长期从事民主运动。抗日战争期间,参加发起组织中国民主政团同盟,被推选为主席,旋改组为中国民主同盟,继续担任主席,坚决拥护中国共产党主张,战时坚持团结抗战,战后主张民主建国,反对独裁内战。1946 年下半年,蒋介石公然撕毁国共停战协定和旧政协决议,发动全面内战,大举向解放区进攻,同时片面决定召开伪国民大会,企图强化法西斯专政。这时我父愤时忧国,毅然带病离川,来到上海,召开民盟二中全会,对国民党进行了顽强的斗争,直至上海解放。在此期间,我随侍在侧,对我父当时的一些重要政治活动,记忆犹新。现追述若干片段,供史家参考。

一、拒绝参加伪国大

1946 年 6 月,民盟总部迁到南京,我父因病留渝未去。这年 11 月,蒋介石慑于国内外舆论压力,一面假惺惺地发布停战令,妄图蛊惑人心,一面授意青年党联络民盟和所谓社会贤达,组成国共以外的第三方面综合小组进行和谈,并要他们提出参加伪国大的名单,企图从政治上孤立中国共产党,分化瓦解民主党派。

这时第三方面人士在南京交通银行开会,联名写信给蒋介石要求国大延期一个月召开,到期如果和谈不成功,第三方面愿意提名参加国大。当时周恩来同志还在南京,及时加以揭露,民盟代表沈钧儒、章伯钧、张申府等匆匆赶回交行,涂掉他们在信上的签名。第二天报载"涂抹太多,不便进呈",因此蒋介石妄图孤立中共的阴谋没有得逞。独张君劢不以为然,认为民盟真是"共产党的尾巴",于是单独召开民社党会议,步青年党后尘,向蒋介石卖身投靠。此时,内外责难甚多,大有瓦解民盟之势。在南京的忠实同志纷纷函电催我父东下,认为"表方(我父别号)不来,一切失掉了中心"。我父也很挂念事态的演变,常去函电叮嘱南京同志多加小心,11 月 12 日上午并从重庆打长途电话,坚嘱不可交国大名单。在 16 日又发表谈话,指责政府召开综合小组及国大延期的目的,不过企图换取第三方面参加国大的名单。民盟决定在政协决议完全实现后才参加国大,否则民盟将失掉政治立场。12 月 13 日,父亲病情稍好,即携鲜英、范朴斋启程至上海主持盟务。

二、主持召开民盟二中全会

船抵上海,以李济深为首的民主人士和中共代表一百余人登轮迎接,张晓梅同志代表中共办事处献花。我父发表书面谈话,强调民盟不参加国大。

上海市民主建国会、民主促进会、妇女联谊会、工商协会、《民主与科学》杂志社等十一个民主团体旋即联合举行盛大的欢迎会,会场挤得满满的。在雷鸣般的掌声中,我父站了起来,一字一句,清楚而响亮地表示他的立场和态度说:“我们民主同盟还在六年以前新四军事变时,便结合同志从事于调节国共两党的争执,那时我们是怕影响抗战。在抗战胜利后,我们首先提出民主、统一、和平、建国八个字的口号,意思是要以民主来求得统一,以和平来完成建国,我们认为中国只有这样一条路,才是光明坦途。”还说:“一党国大的召开,政协精神已被完全消灭,民盟既参加政协,当有拥护政协决议的义务,没有参加这个分裂国大的理由。谁要致国家于分裂和独裁专政,应当坚决反对;谁反对民主即是反叛人民的罪人。民盟曾受到利诱、威胁、迫害与分裂,但屹然未为所动。”父亲的言论使得那些特务情报员大失所望,沪上民主报纸报道了当时的盛况,有的并赋诗表达情意:“欢声动处掌如雷,南极星辉海上来。赤手掌持民是主,青春活泼老犹孩。踏将闻李自由血,扫尽墨希未死灰。万众一心争效命,强权终仗我公摧。”

接着民盟二中全会在上海开幕。开幕前,有些人希望这次会议对国民党政府表示点妥协,另一些人希望会议开得坚强些,以利通向真正的和平民主。我父在开幕会上强调:“今后我们的目标是争取同情,加强组织建设,争取真正的民主。”从而澄清了大家的思想,明确了今后的方向。会议发表了政治报告代替宣言,《解放日报》、《新华日报》、《大公报》都以特大篇幅全文刊登。会后召开座谈会,董必武同志参加了座谈,痛斥国民党污蔑民盟是“共产党尾巴”,称赞我父在中共未成立前,早就致力于民主运动。

北平发生“沈崇事件”,全国学生不畏强权,掀起轰轰烈烈的抗暴运动。那时中共驻在国民党统治区的代表和办事处已先后撤回延安,党的活动更加隐蔽。我父发表谈话,认为全国青年和一般人民的爱国运动开始抬头,今后民盟的工作应当尽全力为争取民族独立、生存而奋斗,肩负起在大后方进行公开斗争反对反动派的任务。接着民盟公开反对卖国的《中美通商条约》,反对美帝支持蒋介石打内战,争取了社会各界的同情,扩大了民盟的组织和政治影响。

三、民盟总部解散后号召继续战斗

由于民盟拒绝参加伪国大,得到广大爱国人士的拥护,同时却遭到国民党反动派的嫉恨,矛盾日益尖锐。1947 年 7 月 4 日蒋介石发布“戡乱总动员令”,发表“剿匪建国”演说,一时大有乌云压城城欲摧之势。民盟为了维护民主正义事业,仍然坚持原有主张。7 月 9 日,我父代表民盟发表谈话,严斥“总动员令”,这就使国民党反动派与民盟之间的矛盾达到水火不相容的地步。国民党发言人董显光攻击民盟“通匪”,“执行中共地下路线”,并捏造许多谣言,指责民盟“参加叛乱”,为迫害民盟制造舆论,形势非常紧张,特务经常在我父的住处附近活动。四川朋友劝他回川,他怀念着民盟的前途和盟员的安慰,决定在上海坚持。我在他身边一同度过了黎明前的黑暗,他那威武不屈的性格至今仍在我脑海中萦回。

当时我们住在永嘉路集益里八号和成银行一幢小宿舍内,同住的有银行职员和民盟同志。民盟办事处在马斯南路原中共办事处,民盟留上海的中委们常在集益里开会。到了10月下旬,突然有警察包围马斯南路民盟办事处。南京民盟总部同时受到监视,留守南京的中委罗隆基来上海汇报工作,商量对策,特务也跟着来了。特务用汽车堵住集益里宿舍前门和弄堂口,对进出的人都要加以盘问。叶笃义听说除我父和沈钧儒老人外,其余的都要逮捕。我父虽知环境险恶,生死莫卜,但处之泰然,每天下午照常要我陪他散步,特务尾随在后,亦步亦趋。

10月27日上午,民盟在沪中委沈钧儒、黄炎培、章伯钧、史良、叶笃义等十多人聚集在我父房内开会,为了弄清情况,抗议特务监视,保障民盟的合法地位,决定派代表去南京与国民党交涉,叶笃义先去,黄炎培后去。黄走的那天,国民党内政部发言人就宣布民盟为“非法团体”,按后方共产党处置办法处理,同时派警察抢占马斯南路民盟办事处,逼迫办事处人员全部撤出。沈老和几位同志搬到集益里来住,大家静待着南京的消息。过了几天,黄炎培、罗隆基、叶笃义等三人在特务“护送”下回到上海。这时,我们住房楼下客厅和门前聚集了大批特务。

11月5日上午九时,我父亲和沈钧儒、黄炎培、章伯钧、罗隆基、叶笃义、史良、张云川、陈新桂在集益里开会,黄炎培报告在南京商谈经过,罗隆基、叶笃义相继发言。他们在南京争议之点在于民盟坚持自己的合法地位,政府如欲取缔,必须公开宣布解散令,政府则要民盟自行宣布解散,如果民盟不自行宣布解散,就要逮捕中委,各地盟员也要登记。他们据理力争,迄无效果,无可奈何,只得承认自行宣布解散,并拟就发布公告的稿子,其内容是:

“中国民主同盟以民主、和平、团结、统一为一贯主张，不幸战火愈演愈烈，同人处此，惟有痛心，更无为国服务之余地。最近政府宣布民盟为非法团体，禁止活动，同人已不能活动，当公推常委黄炎培代表同人们赴京与政府协商善后事宜，经政府提示善后办法如下：(1)政府宣布民盟为非法组织，希望民盟自行结束，解除负责人之责任。(2)关于房屋……(略)。当经常委黄炎培答复如下：‘(1)民盟既经政府认为非法团体，唯有通告盟员停止活动，自经通告后，民盟如有言动，由个人负责。(2)关于房屋各点自当照办。(3)各地盟员一律免除登记，并享一切合法之自由。(4)各地盟员政府如认为有违法行为以及因案被捕者，均由政府依法处理。如无共产党党籍实据，不援用后方共产党处置办法，以上(2)(3)(4)各点是否可行，候示复，至报端发表各种文件，有盛责民盟之处，多违事实，此时未拟置辩。’”

“国民党政府答复如下：‘(1)如民盟能遵照内政部发言人公布正式宣告自行解散，停止活动，各地民盟的登记手续可以免除，并保障合法自由。(2)凡因案被捕之盟员，由司法机关调查实据，判定其为非共产党党员或非为共产党工作者，自可不援用后方共产党处置办法之规定。合将协商经过情况公布周知，并通告盟员自即日起一律停止政治活动，本盟总部同仁即日起总辞职，总部亦即日起解散，尚希公鉴。’”

大家看了这个稿子，认为大局被迫至此，门外特务叫嚣不止，已无更移余地，决定照原稿一字不改，以我父名义送报馆发表。那天父亲在房内走来走去，始终一言不发，通宵不眠。第二天一早，毅然以他个人名义写了一个《呼吁》：“本人昨日忍痛通知民主同盟全体盟员停止政治活动，且宣布民盟中央委员会之解散，然本人对于中国和平统一民主前途之信念，本人为此目标之努力并未稍更。本人诚恳希望盟员在爱国公民之立场上，在法律之限度内，继续为我国之和平统一民主而努力奋斗。”

他拿着这个《呼吁》，交叶笃义送报馆发表，上海很多报纸不敢登载，只有《正言报》用很小字体登了出来，《大公报》也以新闻报道形式加以报道。这一《呼吁》虽很简短，但用意忠诚，措辞鲜明，他把反动派的视线集中引向自己，既掩护各中委退却，又号召广大盟员昂首继续战斗，披肝沥胆，大义凛然。

四、支持民盟三中全会

上述会后，11 月 5 日下午，章伯钧秘密离沪。沈老在集益里住了一个月的时间，化装前往香港，行前曾和我父从长计议盟务。

1948 年 1 月 5 日到 18 日，民盟在香港召开三中全会，成立临时总部，宣布解散民盟的公告无效，公开声明与共产党合作，一致主张打倒蒋介石，推翻国民党反动政权，拥护土地改革。事先沈老和周新民都有信来，我父亲托川人黄应乾带信到香港，表示完全同意他们的安排，还和黄炎培、叶笃义、罗隆基共同写信去香港表达意见，同时派青年中委罗涵先前往参加会议。沈老在闭幕会上宣读了这些文件，会后罗涵先回上海向我父汇报，我父很高兴。民盟在香港公开活动，增加了蒋管区对他们的压力，他们毫不畏惧。

香港临时总部的地址设在和成银行香港办事处内，活动经费由和成银行汇去。民盟活动经费的来源基本上是刘文辉和龙云秘密捐赠的，此事只有我父亲知道，也只有我父亲有开支权。1948 年龙云赠的一大笔钱，存在和成银行，一直到上海解放还有剩余。事实说明当时沪、港民盟盟员是同心同德、团结一致的。

五、为民主事业团结到底

我父亲从来廉洁奉公，公私分明，1947 至 1949 年我们住在上海的日子是很艰苦的。除了政治压迫外，经济压迫也不小。国民党垮台前四大家族搜刮民脂民膏，加以战火连年，经济大崩溃，物价一天涨几次，公教人员和工人大都在饥寒线上挣扎，我们住在集益里的生活勉强温饱。为了老人的健康，平时散步时，常在地摊上挑选价格低廉的食物，早上在菜市上买点破壳鸡蛋作为营养品。那年冬天特别冷，屋檐下接了长串的冰柱，没有火烤，小偷又偷走了父亲唯一的御寒皮衣，靠四川的哥哥寄来一件棉袄过冬。七十八岁的老人在大雪纷飞时独坐窗前，看书写字，研究古代哲学。他特别重视“义”，请人代书自励集语，悬挂床头，首句是“以义持己，则富贵不能淫，贫贱不能移，威武不能屈”。还写了“四勉一戒”及《墨子·贵义》等文，对古代哲学做了很多新的解释，表示了他的内心世界。国外爱好和平的记者来看他，他抱着大无畏的精神侃侃而谈自己的政见，刊登在外文报上。

1948 年李宗仁就任代总统后，派甘介侯来上海，要民盟留在上海的中委去南京，他们都不去。那时父亲已感右半身不遂，眼睛也有毛病，离集益里不远的虹桥疗养院院长丁惠康和副院长郑定竹出于正义感，欢迎他免费住院治疗。这时国民党军队节节败退，蒋介石想窜入四川负隅顽抗，怕四川省主席邓锡侯靠不住,先撤了他的职。邓锡侯很气愤,来上海见我父亲,我父亲劝他丢掉了省主席不要紧,时局很快要变赶快回去联络川军其他部队,等待时机,准备起义,迎接解放军入川。后来刘文辉到南京,派代表杨家桢来上海见我父亲,我父亲也劝刘文辉迅速脱离蒋帮,加入革命阵营。不久,蒋介石派张群任四川行政长官,张群临行,来上海见我父亲,我父亲提醒他,“自古以来得民心者得天下”,劝他不要再跟蒋介石跑,应该为四川人民做些好事,释放被捕盟员,停止征兵征粮。张群在我父大义感召下,表示接受意见,回到四川,交涉释放了关在中美合作所渣滓洞的21位民盟盟员(其中有中共地下党员),又将征兵名额由42万人减至62000人,取消了准备新建的六个师,并减少征粮,停止征购实物。事后,张群通过范朴斋(留川民盟中委)转告我父亲,表明他实践了诺言。

当年民盟总部留沪人员虽然没有公开活动,但是一直没有停止地下斗争,经常聚集在一起交换意见,并与香港临时总部联系。他们对民主事业是忠诚的,中国共产党对他们也是信任的。1949年3月平津解放,准备召开新政协会议,邀请我父亲和黄炎培、罗隆基、史良、叶笃义、罗涵先、杨卫玉、冷遹等参加,事为国民党所阻。康生、陈伯达是极左思潮的制造者,他们编辑《毛泽东选集》,在第四卷《关于情况的通报》的注释上,说什么“民主同盟的一些动摇分子发表了解散民主同盟停止活动的公告”,这完全是不顾事实真相的捏造。

六、中共地下党营救脱险

1949年初,国民党军事、政治、经济全面崩溃,蒋介石想喘一口气，发出假和谈的要求。我父亲针锋相对的在医院发表谈话，指出蒋介石是想利用和谈保存旧法统，不仅中共不同意，人民也不答应。

这年4月，南京解放。有一天，几个武装特务在伪警备司令部第三大队队附阎锦文带领下，突然包围虹桥疗养院，用枪逼迫我父亲和罗隆基跟着他们走（罗隆基自民盟总部解散后即住该院治病）。父亲临危不惧，厉声责问特务，深深感动了当日在医院值班的副院长郑定竹先生，他以革命的正义感挺身而出，用身家性命担保俩人继续住院治疗。经过交涉，由郑医生立下担保字据，暂将俩人寄押在医院中，特务日夜轮班看守，严密监视。特务住在前面房子里，有时武装，有时便衣，男的女的，来来往往，花天酒地。我们进去看父亲，必须通过特务的房门，除了郑医生外，只有我和妹妹能够进出，暗中传送消息并传达指示。

日子一天天过去，上海包围战开始，解放上海的炮声打响了。好心的郑定竹医生想利用他的社会关系和美国朋友的关系把我父亲营救出来，尝试过两次，没有成功。国民党军队撤出上海的那天下午八时戒严，特务头子密令阎锦文于晚上十时前将我父亲与罗隆基两人带往吴淞口，以送往台湾为名，暗中将他们投入黄浦江。在这紧急关头，谁也没有想到派来逮捕我父亲和罗隆基的阎锦文却是中共地下党布置来营救他们的。阎将他们隐蔽在曾任伪警备司令的杨虎家中。特务在江边等阎不到，于十一时下令悬赏三十条黄金捕捉张、罗、阎三人，并到各处搜查，至翌日凌晨三时才纷纷逃窜。当时停放在江湾的最后一架飞机，据说就是等候这些特务的。

在人民解放军胜利的凯歌声中，父亲获得了自由。第二天陈毅司令员在百忙中亲自来看他。父亲在解放后的上海休息了一段时间，6 月去北京，朱德总司令和周恩来副主席等党和国家领导人亲来车站迎接。次日，毛主席亲来父亲下榻的北京饭店看望他。新中国成立后，我父亲先后当选为中华人民共和国副主席、全国人民代表大会常务委员会副委员长、中国人民政治协商会议全国委员会副主席。从此八十岁老人以无比愉快的心情，开始了新的生活和工作，度过了欢乐的晚年。

1955 年 2 月，我父亲在北京因病逝世，享年八十四岁。毛泽东主席、刘少奇副主席、周恩来总理与党和国家其他领导人亲临吊唁，以国旗盖棺，葬于八宝山烈士公墓。陈毅同志深知我父亲的一生，他在悼词中，指出我父亲生平做了四件大事：一是辛亥革命前，领导四川人民反对清政府出卖川汉铁路路权的保路运动；二是袁世凯称帝后，在西南一带倡议讨袁，对全国产生很大影响；三是抗日战争期间，团结各民主党派与共产党合作，坚持团结抗战，反对分裂投降；四是解放战争期间，冒着生命危险，领导民主同盟，坚决拒绝参加国民党单方面召开的伪国大，揭露蒋介石的反动本质，直接保持了民盟在政治上的纯洁性，间接支援了全国人民解放战争的胜利。在谈到我父亲的为人时，陈毅同志举出他有两个特点，一是诚实无欺，从无虚伪，因此立场坚定，敢说敢为，不畏强暴，敢于与反动势力作斗争；二是有远见，善于辨明是非，因此坚持正义，始终与得人心者在一起，和共产党真诚合作。人生如此，死无遗恨。

（摘自《上海文史资料选辑》第 119 辑）

护送沈钧儒老先生去香港的经过

方学武

1947 年,我曾担任过沈钧儒老先生的秘书。沈老在政治上,接受中国共产党的领导是无限忠诚的,他反对国民党反动派的立场是坚决鲜明的,他联系群众是极为密切的,在生活作风上是艰苦朴素的。沈老是永远值得我们怀念和学习的。

1947 年春节刚过,我当时在上海生活书店工作,受组织之命,兼做沈老的秘书工作,每天上午去愚园路他的寓所。我的任务是:帮他起草或书写一些复信,口头征求张澜、陈叔通、黄炎培、马叙伦诸先生对召开一些会议的意见以及约谈的时间等。沈老师是名的书法家,善写楹联,我帮他磨墨裁纸,把他写好的楹联条幅等送到朵云轩去陈列展出。在这一期间,曾由沈老口述,讲他的健身方法,题名《七四老人健身访问记》,由香港生活书店出版。

1947 年夏天,沈老为了营救上海地下党办的《文萃》杂志社的被捕人员,我陪他到苏州,找了两位律师商讨营救事宜。火车很挤,没有座位,沈老是冒着溽暑站着来回的。

到 1947 年 10 月,民盟被国民党政府宣布为非法组织。11

月中旬，组织上要我护送沈老去香港，主持中国民主同盟第三届中央全会。我和沈老以及他的大儿子沈谦（是位儿科医生）商量既能秘密离开上海，又能安全抵达香港的具体办法。我经过调查研究，得知护送沈老去香港最危险的是从码头到船上，从轮船启行到吴淞口这段时间，估计有二小时。因为在这段时间里，国民党反动派的特工可能会追踪和检查。而轮船出了吴淞口，进入公海，反动派就无能为力了。我将应办的事项和一些设想向组织上汇报并得到同意后就着手进行。首先要解决的是去香港的入境牛痘免疫证，其次登记买船票的问题，这要用真实的姓名、地址和照片。我商诸于我的岳父朱文熙先生，他仰慕沈老德高望重，慨然相助，同意用他的姓名、照片办理有关手续。我带了他的"国民身份证"，去海关、轮船公司办理去香港的手续和购买船票，一切顺利。我们是在 11 月 30 日离开上海的，乘坐美国轮船公司一艘由运输舰改建的万吨客轮，设备很好，有音乐、餐室、淋浴间等。当夜，由沈老的大儿子沈谦医生陪同上船。沈老的最显著特征是他的"美髯"，经过化装，把大衣领子翻起，带了一个大口罩，把长髯全部蒙住，到达码头迅速上船进入预定的房舱，沈老就上床面朝里侧卧。我在其后上船，到房舱探望，见他寐着休息，我就到音乐厅看书报。轮船在晚上十时许徐徐启行，出吴淞口，进入公海，安然无事。次日，沈老起身很早，去了口罩，我陪他到音乐厅喝茶。那时，有好多熟悉和不熟悉的同船乘客与沈老握手问好，有的和沈老谈论当前政局。在轮船中两天，沈老生活在群众之中，始终很欢愉、兴奋、健谈，受到群众非常热情的问候和尊敬。我们在 1947 年 12 月 2 日上午安抵香港，在船埠受到徐伯昕等许多同志的热烈迎接。随即在香港预定的旅馆里安歇。不久,已经筹备就绪的具有重要历史意义的中国民主同盟三中全会在香港正式召开。

在护送沈老安抵香港的当日,我拍了份电报给上海家里,请我的妻子朱芙英同志把沈老抵港的消息向有关组织和沈老的家属报告,以使大家放心。在香港时,沈老和我拍了一张照片,至今还珍藏着。我在香港生活书店住了一个月回到上海。

(摘自《上海文史资料选辑》第119辑)

营救张澜、罗隆基脱险[*]

阎锦文

抗日战争胜利以后，在1945年双十节国共双方代表在重庆签署“国共会谈纪要”（即双十协定）的同时，蒋介石却私下发布《剿匪手册》，指使其嫡系部队与八路军、新四军频繁地制造摩擦，甚至贼喊捉贼地诬陷中共阴谋发动内战。一时，形势极为紧张，战争乌云又重新笼罩在中国人民的头上。在内战迫在眉睫的情况下，一个偶然的机会，我在上海环龙路国民党政府监察委员杨虎的官邸认识了周恩来副主席及夫人邓颖超。

那是在1946年5月中（应为7月25日——编者注）的一天，在一个天气晴朗的上午，我身着国民党军服去见我追随多年的上峰杨啸天先生。杨先生当时正在客厅内接待两位神采奕奕的客人，经杨先生介绍，这两位原来就是大名鼎鼎的中共领导人周恩来副主席及夫人邓颖超。我毕恭毕敬地深深地鞠了一躬，表示我对他们的敬意，并表示能有机会见到周副主席感到十分荣幸。周副主席平易近人，热情地招呼我坐在他的身旁，询问我在

---

* 章长炳整理

什么部门从事什么职业。还没等我张口，杨先生就抢先做了回答："此人是我的老部下，姓阎名锦文，现在上海警备司令部稽查处任职，如需效力，尽管吩咐。"周副主席语重心长地分析了当时国内的形势，希望大家能为实现和平民主多做贡献，并表示欢迎国民党军队中的各级人员参加人民民主革命，共产党的政策是既往不咎，人民不会忘记曾经为革命事业做过贡献的人等等。从此我牢牢记住周恩来先生对我的教育与鼓励。由于周副主席的谆谆教导与循循善诱，我逐步对形势有了比较清醒的认识。国民党的独裁统治肯定是不得人心的，如果国民党政权一旦崩溃，我将何以自处？为个人着想，我必须争取为共产党做一些好事，以便为自己留一条后路，这就是我当时的思想状态。

中共驻上海办事处当时设在马斯南路的一幢花园楼房内，距离杨虎在环龙路的寓所很近。为什么周副主席在上海期间与杨虎曾有往来？这里面的关系十分微妙。据我所知，杨虎当时对蒋介石十分不满。这种"不满"并非有什么政治觉悟，而是基于对蒋的私人成见。本来，杨虎与蒋介石同是孙中山先生的亲信。杨虎曾在辛亥革命中，在黄浦江上夺取肇和兵舰并向上海制造局开炮，为上海的光复立过功，因此受到孙中山先生的垂青。孙中山逝世后，蒋介石背叛革命，发动四一二政变，大量屠杀革命人民。杨当时是上海淞沪警备司令，是这次血腥屠杀的主要凶手。当时的上海市长是陈群。上海人民对这俩人恨之入骨，呼之为"虎狼成群"。后来不知何故，蒋介石在利用杨虎之后，竟将杨虎弃之不顾，让杨虎在上海当个有名无实的监察委员，因此，杨对蒋怀恨在心。

在重庆谈判期间，军统特务头子戴笠指使他们的鹰犬对毛主席、周副主席的住宅进行严密监视，甚至企图暗杀他们。杨虎曾当面警告戴笠不许暗下毒手，否则唯戴笠是问。这一切都说明尽管杨虎是资产阶级政客，屠杀过革命人民，但是，杨虎后来确曾为人民做了一点好事。

抗战胜利以后，我在上海警备司令部稽查处警备大队任大队附，负责沪西地区的社会治安工作。我的警备大队部设在华山路2092号陈家祭堂内，管辖卢家湾、徐家汇、常熟路、南市、长宁等警察分局，而杨虎所在的环龙路以及张澜、罗隆基就诊的虹桥疗养院正是在我的辖区内。当时上海警备副司令是周力行，周是杨虎的女婿，稽查处长何龙庆又是周力行的亲信，都是自己人，因此我行动起来比较得心应手。

1949年5月初，南京已经解放，中国人民解放军正以排山倒海之势向上海逼近。国民党的党政要员及所有达官贵人均纷纷逃向台湾或华南地区逃窜，留在上海的军警宪特奉蒋介石的旨意，在上海全市范围内大肆搜捕共产党人及共产党的外围组织和一切民主人士，抓人的警车时时呼啸而过，上海呈现一片白色恐怖，人民群众处在水深火热之中。就是在这样紧张的时刻，有一天杨虎在环龙路寓所的楼上召见了我，要我做两件事：1. 调查上海警备司令部稽查处逮捕了多少共产党员，被捕人的姓名、职业，关押在何处。将详细情况写成书面报告，以便设法营救；2. 最近从中共方面获悉，民主同盟主席张澜、罗隆基等人可能要被捕。如果这样的事情发生，由你负责营救。上海战役即将开始，张澜、罗隆基及一切政治犯的生命危在旦夕，时间紧迫，刻不容缓。杨说此话时,当时在场的有杨虎的夫人田淑君和杨虎的旧属王寄一、孙履平二人。

王寄一原是国民党的国大代表,孙履平为市立法委员,俩人对当时的社会现实都有强烈的不满情绪,因而在营救张澜、罗隆基等问题上与杨一拍即合。王寄一此时已与中共地下党负责人吴克坚取得了联系;孙履平协助杨虎与中共的外围组织和民主人士章伯钧、邓初民、郭春涛等联系;我则负责营救张澜、罗隆基。

解放前夕的上海警察局长毛森是军统特务头子毛人凤的本家,也是戴笠生前的亲信。此人此时奉令督促上海各界知名人士逃往台湾,对在押的革命人士采取秘密处决的办法。惨遭杀害的不计其数,甚至在警察局的楼上刑讯时即杀人。毛森是一名穷凶极恶的军统特务和杀人魔王,上海人民一提起毛森,就感到毛骨悚然。

1949 年 5 月 9 日,国民党上海警备司令部突然召集各警备大队附、大队长开紧急会议,会议内容事先不通知,由稽查处长何龙庆主持。何龙庆在简单地分析了上海当时的危险形势后说,奉上峰指示,要逮捕民主同盟主席张澜和民盟副主席罗隆基。经过调查了解,此二人住在霞飞路虹桥疗养院治病,必须迅速采取防范措施,勿使其脱逃。

上海警备第三大队长聂琮是军统死党,平日与我面和心不和。在这次会后,聂琮未与我磋商,即私自带领王南山、徐良琪、赵振奇等十余名军统特务分子径往虹桥疗养院,将张澜、罗隆基所住的病区围住。聂琮也深知我与杨虎及淞沪警备副司令周力行关系密切,同时我又是警备大队附,采取重大行动,不通知我似乎有些不妥。于是,聂琮在虹桥疗养院用电话通知我到现场商量,我明知事态发展十分严重,如果让聂琮将张、罗二人押往警备司令部看守所,到到那时再想营救,真比登天还难。在这千钧一发的情况下,必须沉着冷静,既不能与聂琮顶撞,更不能暴露我有营救张、罗的动机。怎么办?我装作若无其事的样子,立即驱车前往虹桥疗养院,与聂琮说一些吃喝玩乐的漫无边际的闲话,以取得聂琮的欢心,从而稳住聂琮的情绪,转移聂琮的视线。聂琮简单地向我布置了任务,要把张澜、罗隆基押往警备司令部看守所。我告诉他这点小事何须聂大队长亲自动手,由我负责处理,保证他俩插翅难飞。聂琮此时正在与两位浓妆艳服的少妇闲话,我立即转身来到病房,只见张澜、罗隆基二人谁在病床上,满面愁容,一副病态,惴惴不安地注视着我这位身着国民党军服的不速之客。我又迅速地离开病房,用电话向副司令周力行请示,说明张澜、罗隆基二人病情十分严重,行动不便,可否找一个有社会地位的保人,保证他们不逃跑,就地派人监守,随传随到,保证万无一失……周力行了解我与其岳父杨虎的关系,对我的建议当然表示同意。当时我内心十分高兴,有周力行做靠山,还怕聂琮不答应么?我放下电话筒来到聂琮面前,向他传达周力行副司令的指示,聂琮虽然有不悦的表情,但对副司令的指示又不敢公然违抗,因此,聂琮对我说:“你看着办吧!”转身乘车回警备大队部去了。

送走聂琮,我指定两名队员守在张、罗病房门外,并警告他俩,非我的命令,任何人不得接触张、罗。嗣后我又来到虹桥疗养院护士长办公室请来郑定竹副院长,向郑询问张、罗的病情,据郑大夫说，罗隆基先生于1947年因患肺结核、糖尿病而住院治疗，一直由郑负责诊治。张澜老先生因患齿槽脓漏与尿道感染，于1949年3、4月间才住进医院的。接着，我试探性地问郑大夫可否为张、罗二人具保，我本人会向郑先生提供必要的方便，如派人看守、加强警戒等等。郑大夫见我说得有理，立即表示愿与我合作，出具保证书，保证张澜、罗隆基随传随到，绝不逃走，并且愿以身家性命担保签名盖章，将保证书交我收存。

郑大夫何以敢冒这样的风险？事后才知道这是有思想基础的。郑大夫因长期为罗隆基看病，因而与罗隆基建立了比较深厚的友谊，同时也因此认识了一些民盟同志，对民盟为中国的民主运动而斗争的光荣历史十分钦佩；特别对民盟主席张澜老先生刚正不阿的品格和一生为民主革命奋斗的事迹，深表敬仰。郑大夫对国民党暗杀民主人士李公朴、闻一多的法西斯行为极为不满，今天面对张澜、罗隆基可能遭遇迫害的局面，岂能袖手旁观？基于义愤，郑大夫终于挺身而出，甘愿以身家性命为张、罗担保。郑大夫如此坚持正义，慷慨助人，当时我内心深受感动，但表面上不动声色，因为我不能向任何人暴露我的秘密身份。

拿到保证书，告别了郑大夫，我驱车回警备第三大队，向大队长聂琮说明办理经过并出示保证书，聂琮又加派几名军统特务分子每日前往虹桥疗养院轮流看守。

大概在5月11日晚(具体时间因年代久远，记不清楚)，我来到环龙路杨虎家中，将以上经过作了详细口头报告。杨亲切地告诉我说："营救张澜、罗隆基是周先生的指示。周先生来电要求我们营救张、罗二人脱险。"我立即表示豁出性命也要完成任务。

从此以后，几乎每日晚间均向杨报告张澜、罗隆基在医院的情况。杨还提醒我必须防止军统特务在医院内对张、罗下毒手；同时尽可能对民盟其他领导人和一般盟员的安全亦须设法保护。在上海解放前的那几天，我经常到虹桥疗养院楼上病房，表面上是巡视队员们对张、罗二位监视的情形，说话声色俱厉，咄咄逼人，医护人员对我都有几分惧怕。但到病房内对张、罗二人则婉言劝慰，不时地向张、罗二位透露营救之意。因为执行监视任务的队员都在病房外，我与张、罗谈话的内容，他们是听不到的。我曾利用这个机会告诉罗隆基，警备司令部准备逮捕所有盟员，以便罗隆基趁郑大夫查病房时把这个消息透露出去，使其他盟员早日逃跑。事实证明，我这样做的结果是生效的。在这以后不久，有一次，我在警备大队部内听聂琮说盟员都逃跑了，我心中暗喜，民盟其他成员的脱险，通过郑定竹先生的策划，总算完成了任务。

民盟其他成员脱险的第二天，杨虎通知我必须立即向张、罗“摊牌”，说明真相，然后采取行动迅速转移。我又来到虹桥疗养院206病房，向他们二位说明我是奉杨虎的命令，来此负责营救他们的。张、罗二位虽与杨虎相识，但对我的话是真是假，还是半信半疑。忽然，罗隆基先生问我，杨虎的夫人田淑君现在何处？我即告知田夫人现住环龙路，并将电话号码告诉罗，以便罗直接与田夫人通话。这样，罗隆基才深信不疑。

大约在5月14日晨，聂琮在大队部内向上尉队员刘光琪布置任务，说是奉上峰指示要在虹桥疗养院内干掉张澜、罗隆基，方法是用锋利的匕首在病房内进行行刺。刘接受指示后，即草拟一份具体行动计划，并将匕首交聂检查，言定次日晚九时行动。可是，随着形势的急转直下，学生罢课、工人罢工的事件，在上海已层出不穷，军统特务头子深恐社会上因张、罗被刺与李公朴、闻一多事件联系起来，酿成更大的反抗浪潮，故取消在医院行刺的办法，改为将张、罗绑架，用船运到吴淞口外，身系石块，将其投入江内，毁尸灭迹，以掩人耳目。特务头子王新衡对此事做了缜密的安排，并决定将任务交我率领精干队员四名执行。

我得悉这一计划后，心情十分沉重并且感到异常紧张。此时，杨虎为了躲避国民党当局逼他飞往台湾的纠缠，已经转移到别处隐蔽起来。我费了很大气力才找到杨虎。当时在场的有王寄一等人。我将军统行动计划向他们做了详细报告，经过大家分析，一致认为如果我按照他们的指示进行，在将张、罗沉入大海的同时，我也将被推入大海，这是军统惯用的杀人灭口的伎俩。怎么办？情况紧急，不容迟疑。大家一致决定，在王新衡下命令转移张、罗的同时，即是营救张、罗的大好机会。必须有轿车一辆，亲信助手二人，转移目的地有三处：一、环龙路杨虎家中；二、西爱咸斯路田淑君家中；三、贝当路小咖啡陈家（陈经理与杨虎是儿女亲家）。以上三处都是花园楼房，电话、前后门都可应用。为了保证张、罗安全转移，杨虎提供了很多方便，还把咖啡烟厂陈经理的汽车借给我用，由我亲自驾驶。同时制定潘云龙、庄儒伶二人作为我的亲信助手，协助我执行任务。

潘云龙、庄儒伶二人都是杨虎介绍到上海警备司令部工作的。当时，潘、庄二人被安排在第三大队任尉级队员，干总务工作，专管军饷、粮食等事。这两人枪法很准，能打活动目标，大家称他们是百发百中的神枪手。他们两人身体都很壮，气力过人，百八十斤一手即可提走如飞。因为我们都是杨虎的旧部，平时往来比较亲近，又因我们都属非军统分子，往往被军统分子视作外人，甚至受到排挤。这种分歧更加使我们在精神上团结一致。他们二人待遇较低，我不时地在经济上给予帮助，因此，在感情上逐渐打下基础。由他们二人做我的助手，行动起来，可以说是得心应手，运用自如了。

当时上海解放战争已在外围打响，市内各区都做了战争准备，国民党军警宪特各机关也都做了撤退前的抵抗部署。潘云龙、庄儒伶二人在无人的地方谨慎地问我有何打算，是跟着走还是留下来，我见他二人态度诚恳，但拿不定主意，便亲切地对他俩说："请放心，我们都是杨司令的人，来去都应该听杨司令的指挥。在这兵荒马乱的年头，咱们兄弟应该有福同享，有难同当。杨司令要走，绝不会丢下我们；杨司令不走，我们也别乱动，跟着杨司令是没错的。"二人见我说得有理，心中十分高兴，我又进一步向他们宣传当时的形势，要求他俩尊重杨司令的指示，接受我的指挥，二人一一表示同意。可是，表面上我们三人还要装出一副准备随军撤退的样子，否则一旦引起军统方面的怀疑，事情就不好办了。

事隔两天，杨虎对我说："时局很紧，老蒋逼着我非走不可，我一方面要做出随他撤往台湾的姿态，另一方面到必要时，我还要躲起来。你如见不到我，可与田淑君电话联系。张澜、罗隆基如何脱险，仍由你负责设法营救，这是立功的机会。"

从此以后，我再也找不到杨虎了。孙履平、王寄一等人也找不到了,原来他们躲起来比杨虎还早七、八天。正当我感到孤独、焦急的时候,忽然接到随军撤退的命令。这是稽查处长何龙庆亲自到第三大队向全队宣布的,要我做好充分准备,何时撤退,临时通知。如果接到撤退的通知,不能按时到达指定的集合地点,则按抗命论处。是时,看守在虹桥疗养院的警备第三大队队员的心情,自然也随着时局的紧张而紧张,纷纷要求换岗。于是,我就把看守张澜、罗隆基的队员调回,换上庄儒伶、潘云龙二人轮流看守,被撤换下来的队员很高兴,认为他们可以在撤退前乘机掠夺人民的财产了。

1949 年 5 月 24 日上午,我正式接到警备司令部要我移解张澜、罗隆基的命令,指定的集合地点是上海警备总司令部。我当即驱车到虹桥疗养院,对张澜、罗隆基正式声明我奉杨啸天的命令负责营救他们,这几天一切行动须听我的指挥。张、罗二人始则缄默,后经我再三婉解,他们反问我此事有何根据?我说你可用电话询问杨啸天或夫人田淑君。张澜仍不以为然。可是,罗隆基竟在小本子上查出杨家的电话号码,当即拨通电话,因杨已转移,田淑君接到电话,一听是罗隆基打来的,于是就告诉罗隆基在此关键时刻,必须遵照阎锦文的安排,阎是自己人,听阎的话万无一失等等。张、罗得悉真相后,心中欢喜,如释重负,再三向我表示谢意。我又转身来到病房外,同志庄儒伶、潘云龙二人此时此刻必须听我的命令行动,如果有别人来转移张、罗,可格杀勿论。同时,我又回到病房内,告诉张、罗二人,不管外面有什么动静,千万不要出病房。一切布置妥当之后,我即驱车到上海近郊观察解放战争形势,只见各交通要道均已设置路障,军车来往频繁，明碉暗堡，随处可见，西北方向不时地传来隐隐的炮声，气氛极为紧张，眼看解放上海的战役迫在眉睫。张澜、罗隆基二位的生命及我全家的安全系于呼吸之间。此时此刻，我很想与中共地下党及杨啸天先生取得联系，向他们请示具体的行动时间，可是无论如何联系不上。我心急如焚，只得又与田淑君电话联络，万万没想到田此时十分焦急，也正在到处找我。她在电话中告诉我，接到吴克坚先生的指示，要求你今晚十二时以前完成营救张、罗的任务，转移地点是环龙路杨家。并且也要求我全家必须同时迁出，否则必有被杀害的危险。从整个营救行动计划上看，中共上海地下党及民主同盟中央的几位负责同志对此是有周密安排的。

5 月 24 日晚十时许，我亲自驾驶大型轿车开往虹桥疗养院。是时，上海全市已经戒严，各路口均有哨兵把守。因为我身着军官服装，并有当夜口令，所以能在戒严的时间通行无阻。当我将汽车驶入虹桥疗养院院内时，医生护士见汽车漆有警备总部字样标记，又由身着军装的军官驾驶，深夜到此，知道情况不妙，胆小的吓得躲起来，胆大的在一旁观看。我快步来到病房，手提左轮手枪，故意大声吆喝："张澜、罗隆基快些上车，我们是奉命移解，不得延误。"张、罗二人此时心中有数，迅速离开病房，由庄儒伶、潘云龙二人搀扶登上汽车。张、罗二人坐在后排中间，潘、庄二人分坐左右保护。我迅速将车驶出疗养院，转弯拐角，避开大路，在黑夜中向环龙路急驰。一路上有好几处岗哨向我喝问口令，我很熟练地答以当夜的口令。及至环龙路杨虎住宅门口时，碰上国民党军队的夜间巡逻执勤车。执勤军官不仅盘查我的身份,而且检查了我车内有无武器,车上坐着的是何许人。我即告知张是我的父亲,罗是我的哥哥,为了随军撤退我需要将家属妥善安置。夜间执勤军官对我的回答深信不疑,让我把汽车开入杨家院内。事后得知,早有解放军的便衣队在杨家院内迎候。田淑君将张澜、罗隆基迎至客厅,互相寒暄祝贺。此时,大家才恍然大悟,原来杨虎的花园楼房已成为中共地下工作的总部了。

为了让虹桥疗养院副院长郑定竹先生免遭牵连,我在离开疗养院时,将郑先生代表医院出具的保证张、罗不逃跑的保证书交还了医院,以免事后军统特务找他的麻烦。

张澜、罗隆基得救后的第二天,苏州河以南的半个上海都解放了。我的家属也转移到安全地带。正如策划这次行动的领导人所指示的那样,我的家属如不及时转移,就有受到杀害的危险。就在我救出张、罗的第二天,军统特务头子王新衡派人到我家搜查,并扬言要抓我的家属,给我看家的朱书宏先生也受到这些特务的虐待。

我由一名国民党军官走向革命,这是中国共产党执行统一战线政策的结果,也是伟大的无产阶级革命家周恩来总理教育的结果。

营救张澜、罗隆基一事触怒了蒋介石。在上海解放前夕,蒋介石亲自下令悬赏百两黄金通缉我,并派遣军统少将行动科长朱山猿执行追捕我的任务,在上海解放初期,即被上海公安局捕获归案,依法枪决,受到了应得的惩处。

(摘自《文史资料选辑》第107辑)

张澜、罗隆基住院及脱险

郑定竹

我是肺科医生，从 1944 年起担任上海虹桥疗养院副院长，肺科主任，当时正院长是丁惠康医生。

民盟罗隆基先生于 1947 年因患肺结核、糖尿病住院，由我负责诊治。由此我与民盟同志接触较多，知道了民盟为民主运动斗争的光荣历史，特别对民盟主席张澜老先生刚正不阿的品格和一生为民主革命奋斗的事迹，深表景仰。在 1949 年 3 ~ 4 月间，张老身体有病，我劝他入院进行全身检查并治疗，同时对已经查出的齿槽脓漏与尿道感染等疾病进行相应的调治。张老态度谦和，待人诚恳，我对他有一种油然而生的敬意。

1949 年 5 月 10 日，上海警备司令部第三大队队附阎锦文，身穿军装，腰佩手枪，带领武装特务六人，前来虹桥疗养院，直闯进张、罗两人的病房（当时张住 205 号、罗住 206 号），叫他们集中到 206 号，说要把他们逮捕带走。阎锦文当时气势汹汹，他凶神恶煞似的问我："他们生什么病，病况怎样？"我说："我是医院的郑医生，张先生患尿道感染和齿槽脓漏；罗先生患活动性肺结核和糖尿病，都病重不能离院。"阎略加思索后说："如果暂不带走，必须有人担保才行。”站在旁边的副护士长张刚女士就指着我说：“为张、罗两位治病的郑医生就是本院的副院长。”我就接着说：“我可以担保。”阎即进一步威胁我说：“你肯不肯用自己的身家性命来担保？”我毅然回答：“可以。”接着，即跟他们一起走到西病房护士办公室，写出书面担保，签名盖章，面交阎锦文。这时，阎嘱将张、罗两人暂时寄押在206号病房，隔壁空出一间病房，特指令两名特务住院驻守，日夜轮班，严密监视。

回想那个时候，自己是一个医生，平时不问政治，但对国民党反动派挑起内战，暗杀民主人士李公朴、闻一多等法西斯行为极表愤恨，同时对从事民主运动的进步人士衷心敬佩。张老和罗隆基先生是当时民盟的领导人，他们是爱国、民主、进步的模范人物，他们平时的言行使我深受教育，我当时敢于挺身而出作担保，主要是受到他们的思想影响。

自从他们被寄押在病房之后，我就借看病的机会，与他们互通消息，一面劝阻来客探望，免受牵累，一面通知民盟叶笃义同志设法营救。叶闻讯后，即多方奔走，曾通过美国领事馆等渠道，邀美国友人来院探望，以扩大影响。在此紧要关头，特务对叶笃义同志的搜捕也日益加紧，我从住院特务口吻中得到这个消息，想立刻通知他，但又找不到他。正在焦急、纳闷，一天，叶进入医院门诊室，和我相遇，我立即把他拉到一旁，轻轻地告诉他：“特务正要抓你，赶快躲避，千万不能逗留！”以前我把营救张、罗的希望寄托在叶笃义同志身上，现在我又叫老叶躲避，我的心情十分沉重。承担这样的风险，而自己有没有什么好办法，日子一天天过去，风声越来越紧，内心焦灼万状。

每次阎锦文来院，总是耀武扬威，咄咄逼人。有次，阎曾向罗透露有营救他们之意，这种话谁敢相信呢？罗先生曾叫我设法去找我能联系到的田淑君（杨虎的家属）的朋友，可是没有直接和田淑君碰面接上头。形势紧急，在此无可奈何的时候，我想策划与张、罗同逃。原来虹桥疗养院有个后门，门锁陈旧不堪，极易打开，这一情况，只有我清楚，我想从这里带他们同逃。我曾把这一设想偷偷告诉他们。他们认为白天不能露面，晚上又戒严，就是走出去，路上仍难通过。这时，人民解放军已逼近上海郊区，炮声隐约可闻，但我正为他们安全担心、着急，徒叹奈何。

1949 年 5 月 27 日，上海解放第一天的清晨6 时，我在霞飞路（现淮海中路）培恩公寓 42 室诊所接到罗隆基先生打来电话说："张老和我已被阎锦文救出，接到南昌路杨虎司令的家里，一切都好，你来后，再详谈。"放下电话听筒，我心上的石头落了地，立立刻拎起药箱，奔到南昌路杨寓，向他们两位握手庆贺，欢欣、兴奋之情，难以表达。这时，门外一队队威武雄壮的解放军正在阔步前进，男女老少都拥到马路上争看人民子弟兵，市民们纵情歌唱，欢庆上海解放。此后几天，我每天抽空去为张老打针、治病。张老和罗隆基先生离沪赴京，由正院长丁惠康医生亲自护送，我因医务忙未能随行，心殊不安。

10 月 1 日，中华人民共和国成立。我从报上看到张老长髯飘拂、神采奕奕，同毛主席等党和国家领导人站在天安门城楼上参加开国大典的巨幅照片，真是高兴极了，连夜写信去祝贺。1950 年我赴京开会，张老和罗隆基先生设宴款待，张老亲来陪宴半小时，经劝阻后始回家休息。席间，张老还垂询我的工作和学习情况，备至关怀，使我感念难忘。

历经十年浩劫，去年9月25日，我们夫妇两人由民盟中央叶笃义同志和张老哲嗣张乔啬同志陪同赴八宝山公墓，到张老墓前致敬，实现多年来的心愿。

张老为人民利益而奋斗一生，勋劳卓著。我有幸在风雨如磐的日子里，认识这位德高望重的长者，并为民盟的革命活动略尽绵薄之力，引以为荣。最近经叶笃义、张乔啬同志介绍，参加中国民主同盟做一个新盟员，更加感奋。今后，自当在党的领导下，努力学习，奋发工作，为祖国的四化建设贡献力量。

（摘自《张澜与虹桥疗养院》，
民盟上海市委研究室2009年编辑）

追忆民盟华东区执行部的工作

苏延宾　申葆文　时宜新

民盟华东区执行部是解放后用的名称，解放前的名称是上海区执行部，是民盟总部的派出机构。上海区执行部是1948年3月经民盟总部决定建立的，华东区执行部是它的继续和发展，于1949年5月30日建立，至1951年1月30日，因华东军政委员会撤销建制，民盟华东区执行部也相应撤销。

(一)上海区执行部时期

(1948年3月至1949年5月上海解放)

1947年10月27日，国民党悍然宣布民盟为“非法团体”，强迫解散，并在各大城市加紧迫害共产党人和爱国民主人士，妄图摧残民主运动。当时新华社发表了《蒋介石解散民盟》的时评，指出：“民主同盟在若干历史关节中，实行了与中共在部分民主纲领上的政治合作，从而推进了中国民主事业，乃是民主同盟的光荣。”对民盟的被迫解散，时评说：“民盟方面现在应该得到教训，任何对美国侵略者及蒋介石统治集团或其中某些派别的幻想，都是无益于自己与人民的，应当消除这种幻想，而坚决地站到真正的人民民主革命的方面来,中间的道路是没有的。”

当时盟内确实存在两条道路的斗争,一部分人看清了蒋介石的反动本质,认为应该联共反蒋,民盟应该转入地下活动,配合解放军进攻,彻底打垮国民党统治。还有一部分人持中立态度。认为“国民党消灭不了共产党,共产党消灭不了国民党”,妄想搞一个“三分天下”的政治局面,中间党派可以在“联合政府”中处于举足轻重的地位。这种中立态度和中间路线思想,在民盟三中全会上受到严肃的批判。

1947 年 11 月下旬,民盟总部的一些领导同志沈钧儒、章伯钧、周新民等和主要干部因无法留在南京、上海进行工作,先后秘密转移到香港,与原来在香港的中央委员于 1948 年 1 月在香港召开了一届三中全会。一部分领导同志留在上海,其中有张澜、罗隆基、史良、辛志超、叶笃义等,有时以民盟留沪中委座谈会的形式,讨论协商盟的工作。辛志超同志当时担任民盟总部组织委员会副主任,为坚持斗争,在三中全会召开前,就向香港民盟总部提出,另在上海成立地下组织,以便就近指导与香港联系比较困难的各地盟的工作,主要是华东六省三市的盟务,得到民盟总部批准,于 1948 年 3 月在上海秘密成立民盟总部上海区执行部。

根据香港民盟总部的指示,上海区执行部设委员五人,工作范围是江苏、浙江、安徽、江西、山东、河南六省和上海、南京、青岛三市(后来江苏改由香港总部直接联系)。事实上,辛志超同志以民盟总部组织委员会负责人的身份,还联系照顾华北、华中、西北、西南各地区的盟务。

关于人选方面,总部指定辛志超为主任委员,并授权提选其他同志参加工作。当时为保持秘密起见,这个组织不对外公开,盟内一些同志也不完全知道,在当时形势下这样做是必要的。在人选方面考虑的原则是:一、要能掌握斗争原则,坚持反蒋反帝的立场;二、有职业岗位为掩护,民盟关系不十分暴露。后来确定由史良、苏延宾、申葆文三位同志为执行部委员。1948 年 7 月,辛志超同志秘密去华北工作,执行部主任委员由史良同志代理,并提选闵刚侯同志为委员。至 11 月间,苏延宾同志因杨须知同志被捕,受到牵连,被伪淞沪警备司令部逮捕,同时被捕的有陈维稷同志。当时苏延宾同志的公开身份是交通大学教授和中国纺织建设公司工程师,经过各方面营救,并利用国民党内部矛盾,后由交大和中纺两单位负责人出面保释。苏延宾同志出狱后,于 1949 年 2 月秘密去香港,经民盟总部同意,由时宜新同志接替担任上海区执行部委员。杨须知同志和他的爱人钱玲娟同志远在北平参加民盟北平市临时工作委员会的领导工作,须知同志在中共地下党领导下,打入国民党北平行营,参加策反工作,并建立电台和延安直接发报联系。后因电码被特务侦查出来,电台被国民党破坏,他们俩连夜抱着刚满周岁的孩子秘密来上海,曾在苏延宾同志家里住过一星期。须知同志后去皖南新四军解放区,钱玲娟同志留在上海。有次须知同志来上海采购药品,途中被国民党逮捕,被关在安徽休宁,后因叛徒出卖,被汤恩伯杀害于浙江衢县。

辛志超同志在“一二·九”学生运动中,参加过由薄一波、黄华等同志领导的民族解放先锋队。抗日战争时期,他在中共地下党领导下，在武汉、西南等地参加抗日救亡运动。四十年代初期，他又在昆明参加民盟，并积极参加盟的各项工作，并和西南联大要求进步的学生有密切联系。抗战胜利后，1946 年 5 月他被派往南京民盟总部工作。国民党反动派强令解散民盟时，志超同志立场坚定，旗帜鲜明，坚决主张民盟不能解散，应该奋斗到底，得到许多留下的人同意和支持。当时国民党特务对民盟负责人监视严密，不能长期住在一个地方，经常要搬家，志超同志生活非常困难，风险很大。民盟复旦大学支部委员孙桂梧同志回忆这一时期的情况时说："在衡老（沈钧儒）去香港前二天，在一个夜晚，志超同志要我陪同去静安别墅衡老家，向衡老汇报工作。两人都化了装，避开了一层层突击检查哨，从闸北青云路暨大宿舍，通过迂回曲折的路径，花了三小时才到达衡老家里。"

辛志超在南京工作时期，除经常和盟内一些中共党员联系外，还经常向薄一波、张肖梅、王炳南诸同志和中共代表团同志，汇报请示工作，提供情况。沈钧儒等同志去香港后，志超同志还和他们秘密联系。这段时期在上海和志超同志一起工作的还有徐亦安同志。他是民盟成员又是中共党员，远在西安铁路搞工运，1947 年冬来上海，1948 年 7 月和辛志超同志一起去北平。

抗战胜利后，闵刚侯同志积极参加盟的活动，经常和史良同志商量工作。那时他的中共党员身份没有公开，根据他的政治态度和政治见解，我们对他是信赖的，后来他参加了华东执行部工作和上海市支部临时工作委员会的领导工作。

实践证明，民盟和中共有长期密切合作的关系。民盟三中全会确定的政治路线明确宣布："为彻底摧毁南京反动独裁政府，为彻底实现民主、和平、独立、统一的新中国而奋斗到底。”民盟今后要与中共“携手合作”。三中全会确定的组织路线和原则是：以“群众性的革命性的组织路线”代替过去的“争取合法公开的组织路线”，“严密各级地方组织，建立高度的组织纪律”，“严格吸收盟员，每一盟员必须具备有坚定性与战斗性，切实严防特务分子混入，清洗动摇投机分子”。以上这些规定都是盟组织转入地下活动后提出的。

为贯彻三中全会的路线、方针，我们对有关省市盟组织明确提出，要坚决依靠中共地下党的领导和具体帮助，通过组织和私人关系，与中共地下工作人员密切配合，积极开展各项工作。

在政治活动方面：(1)和中共地下党密切配合，支援各地学生反饥饿、反迫害运动；(2)运用各种方式揭露蒋介石政府的投降卖国政策，扩大反美扶日运动，消除对蒋介石为首的国民党反动派和对美帝的幻想；(3)为了加速摧毁国民党反动统治，积极收集各项军事政治情报，转送中共地下组织，并进行策反和迎接渡江工作；(4)调查和保护一切机关、工厂的公共设备、档案材料，护校护厂，迎接解放。据不完全统计，上海盟组织推动盟员提供关于国营企业的物资调查和上海市各业情况的调查材料有五十多件，送有关部门参考；(5)秘密传阅中共各项文告和《群众》、《光明报》等进步报刊，学习、宣传、印发《中国土地法大纲》、城市政策、约法八章、工商业政策等文件，提高盟员和所联系的群众的思想觉悟，增进对中共的了解；(6)鼓励和介绍青年学生、知识分子、技术人员前往解放区工作或学习。

在组织工作方面，通过秘密联系，通知各地原有组织完全转入地下活动，对新成立的组织，经过严格审查后再确定。遵照民盟总部的规定，各地领导机构的领导工作人员不得超过五人。对盟员组织关系的整理，为保持盟的活动能正常开展，确定以下几项原则：(1)早已公开身份对外活动，而无其他职业掩护的，改为个别联系；(2)向来只与上层人士联系，而不能做群众工作的，作为个别联系；(3)原来社会关系比较复杂，或本人不愿再参加活动的，暂时隔离；(4)在政治上对三中全会决议有不同意表示的，暂时隔离。对申请入盟的审查原则是：(1)特别注意吸收在政治上有保证的，即接受三中全会决议的；(2)经过介绍人负责保证的；(3)因斗争需要，政治上比较可靠，可利用各种关系，从事策反及情报工作的。

当时建立和联系的地方组织有上海市，南京市，浙江省和浙江省的温州市，安徽省和安徽省的安庆地区、合肥地区、芜湖地区。解放前已有联系，准备建立盟组织的有江苏省嘉定、常州、无锡、溧阳、徐州、奉贤、扬州、常熟、萧县、沛县，山东济南。未能取得联系的有青岛市和河南开封市。民盟江苏省委会一度由香港总部直接联系。

解放前夕，国民党反动派垂死挣扎，严密监视当时在虹桥疗养院养病的张澜、罗隆基同志。5月10日伪警备司令部派大批军警特务到疗养院逮捕张、罗，经该院副院长郑定竹医生担保，始允以该院为临时拘留所。史良同志的住所开纳路（现武定西路）受到国民党特务的严密监视，5月10日伪警备司令部派军警至史良同志住所捕人，幸而史良同志夫妇外出，在家的人，包括保姆在内，全被逮捕。史良同志的秘书、盟员田蕙菁同志于5月初被捕，受到严刑拷打。他们都是解放后才出狱的。

（二）华东区执行部时期

（1949 年 5 月 30 日至 1951 年 1 月 30 日）

上海解放，苏延宾同志随军南下，回到上海，带来民盟总部临时工作委员会 1949 年 4 月 22 日的机要信，内容如下：

“京沪解放后，上海区执行部立即公开执行组织任务。执行部主管地区除河南、山东已另有布置外，其余浙江、江苏、江西、安徽四省及京沪两市之盟务统由执行部负责整理。各个地区之组织经整理后，由执行部代向中共各地负责人取得联系。在执行部主管区域内，除执行部及执行部承认之地方组织负责人外，任何人不得以组织名义对外活动。执行部负责人为史良、苏延宾、申葆文、闵刚侯、时宜新五委员，史良为主任委员。上项决定已由总部通知中共中央转上海及各地负责组织。”同年 6 月 15 日，我们又接到民盟总部临工会来电：“名称改用华东区执行部，地区改为苏、浙、皖三省及京沪两市，赣省归华中区。”关于民盟华东区执行部的建立，当时新华社作了报道，上海报纸也作了报道。我们据此通知了有关省市盟组织，并决定从 5 月 30 日起开始工作，5 月 31 日执行部举行第一次会议，推定苏延宾同志兼任秘书处主任，闵刚侯同志兼任组织委员会主任委员，申葆文同志兼任宣传委员会主任委员，时宜新同志兼任财务委员会主任委员。同年 8 月，闵刚侯同志兼上海市支部临工会主任委员，由申葆文同志兼任执行部组委会工作。

解放后，盟组织正式公开，盟的工作进入新的阶段。遵照民盟总部的指示，解放初期以整理盟务为中心，健全地方组织，有步骤地加以整理、恢复和建立，并加强盟员的学习和改造。解放后，广大盟员欢欣鼓舞，精神振奋，但盟内有些同志对盟的性质、作用和任务不够清楚。比较突出的有以下几种思想：一种是“取消主义”思想，认为有共产党的领导，民主党派可以取消；一种是“做客”思想，对待新的工作和新的问题，缺乏主人翁态度；一种是“分庭抗礼”思想，主张民盟应接管报纸、电台、仓库。

面对上述情况，执行部成立后，主要做了两件工作：

一、整理各省市盟组织，办理盟员登记审查，巩固盟的组织。根据民盟总部关于整理盟务的指示，结合华东地区的具体情况，我们拟定、颁发了以下几种文件：

1.《中国民主同盟华东区各省市县支分部组织原则》，统一规定各级盟组织的名称、领导机构、组成人数和机构设置。省市县支分部设秘书处、组织委员会（后改为组织处）、宣传委员会（后改为宣教处）、财务委员会（1950年民主党派机关经费由国家拨付后，这个委员会撤销）。省市称支部，县市（省属市）称分部。支部下设区分部，区分部下设小组。在盟务整理时期，一律称临时工作委员会。还规定各省市县支分部应向执行部提供书面报告，每月一次，说明一个月内的工作情况。

2.《中国民主同盟华东区盟员总登记暂行补充办法》，这是根据民盟总部颁发的《盟员登记暂行办法》所做的补充，规定盟员要重新登记和审查，对审查标准也作了说明。

3.《为什么要整理盟务》，讲了对解放后的新形势要有足够的认识。明确指出，整理盟务的目的是要增加组织的革命性和纯洁性，健全盟的各级机构，包括整顿思想作风，经过整理，取得群众的信任。强调要肃清反动残余，镇压反动派的捣乱、破坏。要从思想改造做起，学习掌握马列主义、毛泽东思想，作为思想和行动的指针，理论结合实践。在新的形势下，民盟处于很重要的地位，要改变散漫、松懈状况，加强组织观念和纪律观念，树立全心全意为人民服务的观点和老老实实的工作作风；在生活行动上有好的表现，站在革命的立场、人民的立场看问题、处理问题。指出今天是真正的人民时代，假使我们不改正工作作风上的毛病，将无法接近群众，更无法取得群众真诚的信赖和拥护，从而使整个组织能够巩固和坚强，跟上迅速发展的形势。关于整理盟务还有以下一些规定：(1)工农分子应鼓励其参加工会、农会，这叫做“归队”；(2)鼓励学生青年参加军大、革大，支援前线，参加南下工作团；(3)国民党军警下级干部参加民盟的，鼓励他们参加受训，并脱离原组织关系；(4)整理工作要和对盟员的学习教育工作密切结合。

4.《怎么搞好盟员审查工作》。

5.《征集各级支部盟员自传的意义和书写自传的注意事项》

关于各地建立机构的原则，主要根据主客观条件，尤其注意领导干部的政治水平，能否掌握原则，能否接受共产党的领导，配合政府政策，开展工作。关于地方组织的人事安排是一项复杂的细致的工作，要考虑到代表性和历史关系，又要考虑到能够掌握原则，需要经过反复协商才能确定。

经过盟务整理，华东地区有关省市的盟组织先后成立。解放前夕，上海民盟盟员有 542 人，解放后办理登记手续的有 365

人，经过审查、通过的340人，未登记的177人，经过审查未批准的25人。1950年12月六中全会后，开始发展新盟员，确定巩固与发展相结合、质量并重的方针，有步骤、有重点地发展盟员，并提出盟员尚未安排工作的，要帮助解决工作问题。

二、要求各级盟组织把组织学习作为盟的工作任务，特别是领导干部要努力学习，以加强领导工作能力，并结合当时中心任务进行思想教育，鼓励在职的盟员搞好本职工作，起带头作用，使盟组织在群众中有较好的影响。

解放后，我们发出学习《土地改革法》、《论人民民主专政》、列宁的《帝国主义论》，以及遵照中共华东局的号召，学习讨论《为粉碎敌人封锁如何执行六大任务》的通知，要求各省市盟组织推动盟员认真学习，提高思想认识，并鼓励盟的干部和盟员参加土改工作队，积极参加镇反运动和抗美援朝运动。当时宣传委员会为庆祝“七一”，发表了《中国共产党创立纪念赠言》，文章说：“民盟一开始就和中共成为密切的战友，携手同行，并肩作战，今天要统一步伐，加强团结，巩固统一战线，以中共为革命领导核心，建设民主、自由、繁荣、幸福、独立、富强的新民主主义的新中国。”8月1日发表《庆祝人民解放军“八一”建军纪念》文章，号召盟员全心全力支援前线，向人民解放军致敬。还发表了《光大民盟的传统精神——学习李（公朴）、闻（一多）、陶（行知）、杜（斌丞）的正气》的通知，指出要学习他们的革命精神，密切联系群众，为群众服务。由于他们在工作中深入群众，参加群众工作，变成了真正群众的一员，从工作中认识了真理，坚持真理，走向革命的战斗，要发扬光大这种革命传统精神。

通过学习和政治思想教育，要求广大盟员实现共同纲领，提高接受共产党领导的思想，提高爱国主义和国际主义思想，提高思想觉悟，发扬主人翁精神。

当时华东区执行部设在史良同志家里。解放初期，盟务繁重，来访人员较多，许多问题要求解决，外地盟组织和盟的干部来信较多，请示如何在当地中共省市委和军管会领导下进行学习和工作以及与共产党的关系等问题。史良同志对每件事情都热情、细致地处理。来往信件，由经办人员拟稿后，由她亲自签发，工作认真、慎重，我们深受教育。

（附注：1949 年 11 月民盟中央召开一届四中全会，申葆文同志出席会议，并代表华东区执行部做了工作报告。我们这篇稿子是以这份工作报告为基础，加以整理补充写成的。）

历史文献

中国民主同盟政协代表
致国共两党领导人电

（一九四六年五月二十二日）

南京国民政府蒋主席、延安毛泽东先生钧鉴：

东北停战签字逾五十日，而双方激战未已，外失盟邦友情，内失全国人心，同人奔走匝月，愧无寸功。然及今再不停止，势必牵动全局，举累月以来之协议而破坏之。同人宁愿今日死于公等之前，不愿身见其事，特为下列建议，吁请即刻停战：

一、中共军队撤出长春；

二、中央不再进兵长春；

三、东北政务委员会驻长春，主持政务，就地组织警察行使职权；所有委员人选由各方协商而中央简命之。

其他一切问题俟停战后协商解决。

同人此议，前月二十九日在重庆曾向马歇尔特使提出，顾未及陈达左右，兹迫切奉陈，伫候明教。

张君劢　黄炎培　沈钧儒　章伯钧

梁漱溟　同叩　养

附录

毛泽东主席复中国民主同盟代表电

（一九四六年五月二十三日）

君劢、任之、衡山、伯钧、漱溟先生勋鉴：

养（二十二日）电奉悉，东北问题和平解决，为敝党一贯主张，先生等四月俭（二十八日）提议，周恩来同志曾代表敝党允予考虑。不幸为对方拒绝，竟不获协议，自堪惋惜。兹承电示，原则上极表赞同，一切由恩来面商。特复。

毛泽东

五月二十三日

中国民主同盟政协代表再提东北和平建议

（一九四六年五月二十三日）

国府还都前，民盟曾竭力调停东北内战，所提建议方案，未为政府接受。今东北内战愈打愈烈，且已蔓延关内，留沪民盟政协代表张君劢、黄炎培，章伯钧、梁漱溟等，经多日磋商，决再向双方呼吁停战，否则不拟赴京参加协商，因战火不停，一切皆无从谈起。兹志民盟代表为吁请停战致蒋主席及毛泽东电文如次：

（衔略）东北停战签字逾五十日，而双方激战未已，外失盟邦友情，内失全国人心，同人等奔走匝月，愧无寸功。然及今再不停止，势必牵动全局，举累月以来之协议而破坏之，同人宁愿今日死于公等之前，不愿身见其事，特为下列建议，吁请即刻停战：

一、中共军队退出长春；二、中央不再进兵长春；三、东北政务委员会驻长春主持政务，就地组织警察，行使职权，所有委员人选由各方协商，而由中央简命之。其他一切问题，概俟停战后商协解决。

同人此议前月二十九日在重庆曾向马歇尔特使提出，顾未及陈达左右,兹迫切奉陈,伫候明教。

张君劢　黄炎培　沈钧儒　章伯钧
梁漱溟　同叩　养

中国民主同盟政协代表
请蒋介石早日返京电

（一九四六年五月二十九日）

沈阳蒋主席钧鉴：

长春既定，局势应趋好转。同人愿本我公爱好和平之初衷，从事于消弭战祸之工作，因于二十八日相偕来京，矢供奔走。深盼钧座公毕，早日言旋，俾得承寰，至所殷切。谨此电陈。

张君劢　黄炎培　沈钧儒　章伯钧　梁漱溟　艳

罗隆基史良等八十九人告国人书

（一九四六年六月十六日）

全国同胞共鉴：

政治协商会议闭幕，于今已四阅月矣。四项诺言既未履行，五大协定复被破坏，团结徒托空谈，和平已成泡影，竟至东北发生空前残酷激烈之内战，杀人盈城，流血遍野，国家何罪？人民何辜？而遭此浩劫！

武力不能用以解决党争，政治问题必用政治方式解决，乃全国人民一致之呼吁，亦为蒋主席一再所声明。今者中共军队既已于本月二十二日退出长春，国军亦于次日进入，国共双方自应就此时机，立刻停止军事冲突，一切问题由政治协商会议综合小组求取全盘彻底合理之解决。政府负责人曾屡次宣称国军进入长春后，即可重开谈判，乃既进长春以后，又复扬言必武力接收哈尔滨、齐齐哈尔、安东等城，此实为一意孤行扩大延长内战之明证。惟中华民族之生命，中国人民之生存，今日不能再遭受内战之损害，此为举世共同承认之事实。国家需要和平与民主，更为全国一致之要求。转祸为福，端在今日。朝野党派如再故违民意，甘冒不韪，视人民如草芥，则人民亦必视之如寇仇，本自救自存之旨，奋起制裁。

更有进者，目前政府将一切海陆空交通工具，停止民运，专以运输川滇各处军械军火，以扩大加强内战力量，使流离失所之人民，有乡不能回，有家不能归。又假运粮救荒之名，行运输军粮之实。对外战争早已结束，近又征集高中毕业学生，集中施以强迫军事训练，奴化青年，摧残教育。凡此种种，均为积极进行内战之措施。救灾造灾，救荒造荒，窒碍交通，助长物价，断人民之生路，陷国家于绝境，我全国人民实一致坚决反对。

东北为东北人民之东北，为中国人民之东北，东北非一党一派之地盘，亦非任何邻邦之殖民地。今者苏军既已完全撤出东北，其他友邦果尊重中国之独立自由，亦应知所自处。第一，不牵涉于中国内战漩涡之内，立刻撤军，立刻停止为单方面运军运械。第二，不以军械军火及借款供中国人自相屠杀之用，以助长中国之内战，此亦我中国人民愿掬诚相告者也。

又政府行将实施警员警管区制度，此制实日本、普鲁士、帝俄等君主专制国家奴役人民之恶毒制度，亦为法西斯主义者压迫统治人民之残酷措施。视人民如奴隶，变特务为警员，不特完全剥夺人民之自由，抑且侮辱人民之人格，是可忍，孰不可忍！

上举各端，实全民共同之意志，愿一致共起，誓死力争，以恢复国家之繁荣，实现国家之民主幸福！幸甚！谨电。

罗隆基　史　良　鲜　英
邓初民　周新民　吴　晗
任望尘　张雪岩　吴藻溪
沈体兰等八十九人

中国民主同盟政协代表在沪招待记者会上的谈话

（一九四六年七月十五日）

从日寇投降到现在快整整一年了，今天中国不但没有复员，还在进行内战，这不只是国家的耻辱，这是国家民族的自杀。从任何方面来说，今天我们老百姓再受不住内战的痛苦了。八年艰苦抗战换来的一点点国际地位，这一年的内战，把它断送得精光。最近召集巴黎和会，苏联竟反对中国为具名约请国之一。美国最近竟宣布停止善后救济物资运华。这些事件都证明中国今天的国际地位已经一落千丈了。经济上今天中国的工商业农业的确已经崩溃破产。工业受本国物价及外货进口的压迫，不但不能抬头，势将永远不能翻身。全国商业如今仅仅做了外货的摊贩，且因国民购买力的涸竭，于是商业又成了普遍关门倒闭的现象。农村本来是全面灾区，现在因内战缘故，政府恢复征实征购，这不上是竭泽而渔，这真是杀鹅求卵。到了今天这样的环境，还要以内战从事党争，人民还得不到片刻喘息的机会，那么我们中国几万万老百姓，只有同归于尽的命运了。

今天中国的危机，比今年一月间政协会开会的时候，不知加深加重了多少倍。政协会的举行,总算走上了用政治方法解决政争的途径。假使政协会的四项诺言,五种决议,果然实现了,我们敢断言今天中国不是这样的局面。本年二月到四月间政协会综合小组曾继续不断举行会议,在那些会议中,我们民主同盟曾继续不断提出东北问题,提出华北地方政治制度问题,我们一再要求用协商方式解决这些问题,以预防国共之间的武力冲突。假使那些问题及早得到了解决,我们又敢断言,今天中国不是这样的局面。不幸,我们的提议始终都被拒绝了,而那些问题果然成了半年来内战的焦点。

五月五日政府还都以后,中国民主同盟一方面加倍努力调解东北武力冲突,一方面复一再向国共双方建议重开政协会议。六月七日政府发表十五天的休战命令,进行军事三人小组谈判,民盟一方面呼吁应从短期休战做到永久和平,一方面建议军事问题与政治问题必同时进行协商,以求得到政争的彻底解决。民盟看得很清楚,二十年来中国的分裂,症结是政治不是军事。政治不民主是因,武力党争是果。因为党争不允许走和平的道路,不能公开诉之于民意,所以不得不诉之于武力。但问题的最后解决,还在政治,不在军事。从六月七日直到今日,三人军事小组及国共双方的直接谈判,都没有良好进展,且愈来愈成僵局,这完全在我们预料之中。主要的错误,就在单谈军事,不谈政治。更重要的错误就在政府从五月起坚决拒绝召开政协会议。

当前国共谈判,愈来愈走上了歧途了。谈判中相持不决之点,在整军计划。彻底说些是在驻军地点。这是地盘的争执。这种争执,在我们民主同盟看来绝对不合理,更无必要。整军和统编是过渡时期的步骤。时间最长不超过一年,最终目的是军队国家化,假使国共双方对整军与统编都有诚意,都决心把军队交还给国家,那么今天双方军队驻在什么地点,用得着什么争执?在驻军地点的争执上,他们一城一市,相持不下,他们是争军略地区。这等于说今天的谈判,实际上是国与国的谈判,是两国谋分疆而治,是两军求整军再战。这种谈判即令有了结果,这不是中国的和平和统一,这是准备将来更大规模更为激烈的内战,且必从中国的内战,在中国境内掀起第三次世界大战。我们民主同盟站在人民立场不只不能接受这种谈判结果,我们根本反对这种解决国事的方法。

我们民盟估计得很清楚,今天国共两党的直接谈判,实不能解决问题。只是在"且战且谈"的僵局中拖延。我们为国家为人民的生存机会起见,却不能再让这种僵局长此拖延下去。因为拖延的前途,是由"且战且谈"转变为"战而不谈"。最后一定是最残酷最长期而且永远得不到结果的全面内战。到那时,我们老百姓欲求自救亦不可得了。

民盟今天挽救时局的主张很简单,亦很明显。第一,立即恢复政协会议。第二,实行政协五项决议。上面我们说过,今天的僵局,是单谈军事,不谈政治这个错误造成的。举个具体的实例来说,今天争执不决的苏北问题,实际已是地方政治制度问题,而不是军事问题。地方政治制度问题,就应从政治方案中求解决,讨论这种方案,当前合理而且合法的机关,就是政治协商会议。国家的地方政治制度,当然应由全国各方面人士代表共同商决,绝不能由国共两党私相授受来解决。并且这种私相授受的方式，也得不到真解决。

政协五项决议，是全国各党派代表及社会贤达共同一致商定的方案。这是全国人民所接受所拥护的方案，从道义上来说，参加协商的各党派有遵守而且实施这些方案的义务。这绝对不容许任何党派单独否认或撕毁。在实施政协决议的程序上，我们民盟认为应最先最快成立联合政府，由各党派共同参加的联合政府来进行这三件事：第一，实行和平建国纲领。第二，召开协商决定的国民大会，以通过真正民主的宪法，共同实施宪政。第三，共同执行整军方案。

在组织联合政府问题上，我们民盟的立场很简单，也很确定。今天在野党派参加政府是义务，更是责任。因此，我们有这几点主张：第一，我们只能站在党派平等合法的地位，经过协商的同意而参加政府，我们却不能做被约请被延揽的宾客。第二，我们所认定的联合政府包括决策与执行的机关在内，并且决策与执行机关同等重要。因为在野党派参加政府是向人民担负责任，我们不是到国府委员会中去与当权诸公坐而论道。我们要在执行部门中实际上有负责做事的机会，来代人民解决目前真实困难的问题。因此我们民盟对组织联合政府，认定决策的国府委员会与执行的行政院，应同时成立。我们对新的行政院极端重视这三点：（甲）行政院的施政方针；（乙）行政院院长的人选；（丙）行政院重要部会的分配。

再进一步，我们民盟认为联合政府不限于中央，应扩充到地方。目前东北、华北、华中这些地方，实际都是国共两党力量，武力与政治力量，犬牙交错，对峙相持的区域。谈政治我们要面临现实。在这些区域里，只有立即成立地方的联合政府，使各党各派及地方人士都有参加政治的机会，都各得其所，都相安无事，才能渡过当前这种难关，才能避免国共的武力冲突，才能走上将来宪政时期地方自治的光明大道。

关于国民大会一层，我们民盟的主张有几点：第一，国民大会必须为各党派代表站在平等合法地位参加的大会，而不是一个党派完全操纵把持的傀儡会议。第二，我们要保证国民大会必能通过一个协商会议决定的真正民主的宪法。真正民主的宪法当前我们极端注意这三件事：（甲）政府必须向国家的民意机关切实负责；（乙）宪法必须保证人民有充分发展地方自治的机会；（丙）宪法必须保障人民有消极的及积极的各种基本自由权利。

谈到这里我们更须特别声明，今天政府保障人民基本自由权利比组织联合政府这问题还紧急重要。时局愈来愈黑暗、愈危险了。继较场口、下关这一大串血案而起的，是政治暗杀手段，我们民盟中央执行委员李公朴先生七月十一日在昆明已被暗杀了。这是我们民主同盟，同时亦是国家无可补偿的损失。这说明中国今天是无法无天的黑暗政治世界，民主人士的生命在今天没有丝毫的保障，近来封闭杂志，烧毁报馆，杀戮编辑，已经成了一种公开普遍的风气，民意已经完完全全的被摧残了。

我们民盟今天要向全国大声疾呼，倘国家还是一个有组织的国家，倘政府还是一个负责任的政府，那么当权负责的人，应首先保障我们老百姓生命身体的安全，应首先保障我们老百姓生存和说话这些最基本的自由权利。对当前的时局，我们民盟没有什么过高的理想，亦没有什么过大的奢望，老百姓只要求一个做人的起码条件，让我们老百姓活下去，让我们老百姓有生存的希望和机会！这样说来，中国今天一定要有和平，并且要用民主的方式来取得和平。这就是中国民主同盟与全国人民今天共同奋斗的目标！

中国民主同盟代表就当前时局在沪招待记者会上发表谈话

(一九四六年八月二十五日)

中国今天正遭受着一个历史上空前大规模的内战。这尽管还在讳言其事,而国内人人心里明白,国际上亦都看得清楚的。过去还是“边谈边打”,谈无诚意,打无决心。今天竟是打有决心,谈却是掩饰与欺骗的烟幕了。

这个残酷的内战不止毫无意义,而且是绝对可以避免的。这就从一月三十一日政协会蒋主席愉快的闭幕词,对于大问题都很满意,而充分证明。这又可以从二月二十五日整军方案(其中限定中共在东北只有一个师,全国只有十个师)共产党亦愿签字而充分证明。所以假使在政协闭幕后,五项决议很快执行,政府亦立即把四项诺言兑现,而没有一连串的反政协行动,国家便可以走上和平统一的途径。试问那里来的内战?——这是第一次错过机会。

四月二十四日蒋主席在重庆召集政协会综合小组茶话,还敦促各代表从速到京协商,如其五月还都以后,真本着此意,遇事协商,则亦必无不可解决之事。不幸从四月二十四日到现在整整四个月了，虽经各党派一再要求召开政协，政府却坚决拒绝。政府根本放弃了政治协商会议。党争既不肯用协商方法解决，那自然只有内战的一条路——这是再一次错过机会。

六月七日政府下令休战十五天，其后继续休战八天。在那二十几天中，由军事三人委员会协商东北停战，恢复交通，及整军等三个问题。到了六月三十日，三个问题已有了百分之九十以上得到了结论。实际上这又是和平统一的一个机会。即在政府代表中也有人认为可以签字。所余重要的困难点不过苏北等地中共撤兵后的地方制度问题。第三方面当时曾请一面签字，一面由政协综合小组商决之。无奈当局竟不肯签字——这又是再一次错过机会。

七月一日以后，政府代表陈、邵、王三人奉命与中共代表磋商的几个驻军地点问题，到十二日无结果，苏北大战遂由此而作。其实整编与统编的时间不过一年。假使国共两党都有军队国家化的诚意，愿把党的武力都交出来，那末今天苏北承德归谁驻兵有什么问题？以此为这样大规模内战的理由，实在是说不过去的。我们要代表全国人民坚决抗议这种没有理由的内战！

到了今天，政府亦口口声声说要实施政协决议。不过我们要严重声明。实施政协决议的步骤，一面全国停战，一面重开政协会议，或重开政协综合小组会议。政协决议不是供政府参考，或采择施行的方案，这不能由一党单独来执行的。例如改组政府，倘一党用邀请的方式而非经过各党派协商的手续，这就违背了政协精神，破坏了政协决议。又例如召开国民大会制订宪法，倘不尊重政协通过的宪草为唯一的草案，而用所谓会集各方意见提供参考的方式,这就违背了政协精神,破坏了政协决议。很坦白的说,我们民主同盟是坚决拥护政协决议的。凡是依据政协决议而进行的事,他可以促进中国的和平团结,我们民盟必竭诚参加,全力拥护。倘假执行政协决议之名,而行破坏政协决议之实,这类行为,适足以扩大中国的内战,造成中国分裂,影响世界和平,我们民盟必坚决反对。这是我们民盟对当前国是的态度。

最后,我们民盟愿向全国及全世界人士申诉:尽管政协开会时,有承认各党派平等合法地位的话。我们民盟却是一直遭受无理压迫,除过去政协代表被搜查,言论机关被封闭,各地盟员被压迫,为众所周知外,最近一月来更是变本加厉。从昆明李公朴、闻一多两先生的暗杀案以后,有北平孙中原先生的绑架,有成都暴徒殴辱张澜主席案。这一连串的暴行,我们认定是对民盟有计划的普遍打击。绑架孙中原先生的汽车是北平警备司令部所有牌号。杀闻一多先生的凶手是昆明警备司令部的现役军官。这就说明了一切。这些事件的责任,应该由什么人来负担,用不着我们来解释,民盟是个用和平合法的方式争取民主的政团,绝对没有武力。以我们而遭受压迫,这正说明在今天的中国,和平民主的政治团体得不到合法的保障,没有生存的机会。

现在当权负责的国民党,一再向全国全世界声言,要实行民主,要保障人民的自由权利,要保障各党派人士的安全与自由。我们不知道他对比事实将何以自解?政府有没有走上民主宪政的决心与诚意,这不是言词辩论的问题,这必定要政府用事实来向全国全世界证明了。

中国民主同盟代表梁漱溟在沪报告李闻暗杀案调查经过

（一九四六年八月二十六日）

我们八月六日抵昆，二十二日离开，本来要求政府共同调查、审讯，政府未允，故单独进行。抵昆后，政府未给予调查上之方便，且处在特种分子密布的监视下进行，又由于几月来政府在昆明造成的恐怖气氛，使各方面的人都不敢与我们相见；但，我们一到昆明，立刻具体地体会到李闻案的内幕，因为昆明的任何一个人都可以根据几月来的事实及体验告诉你这凶案的原委。同时，有不少的人秘密的、自动的写信供给我们材料，这些人里除民盟同志外，包括广大青年，及警备部工作人员及特种分子。尤其值得一提的是美国领事馆，他们供给我们不少的材料，因为美国大使馆曾专为此事派员到昆彻查、清理，至今卷宗犹存。所以，我们对此案的调查可说是人证物证都有。尤其是物证，举凡暴徒的传单、标语、布告之类，我们都搜得有。人证也有的是，只是现在不能说出他们的名字，否则他们有生命的危险。对这些人证物证上，我们可以指出政府承办此案的若干破绽，但现在我们不便逐一指出，恐怕会根据我们的指驳而修改口供，弥补破绽。不久的将来我们会有全盘的书面报告。

我可以用吞吞吐吐四个字来说明此案的现况，所谓吞吞吐吐有下列诸端足资证明：一、两件暗杀，只拿出一件，李案“吞”而闻案“吐”；二、杀闻凶手先说是中共，继又推地方，东推西诿实在不能自圆其说，最后不得不承认是昆明警备司令部的两个中下级军官干的，这是：“吐”。但，他们暗杀闻一多的理由只说是出于一时气愤，两个凶犯在公堂上大大演说一番，说闻一多是卖国贼，他们二人气愤不过，故予杀之，与他人无关。是则“吞”去了暗杀原因及暗杀主谋者；三、八月十五日的所谓公审，只许指定的中央社的两位记者参加，这是“吐”，而拒绝大公报记者，中央日报社长及其他任何一个记者旁听，这又是“吞”；四、审判记录在十五日“公审”后当众宣判，凶手亦画押认可，好像审判完结，这是“吐”，但十五日并未宣判，至今也没有宣判，同时，我向顾总司令要一份口供，他拒绝了，我问他还要审否，他回答不出，这是“吞”。所以，我说此案现况是吞吞吐吐。至于政府为什么不给一份口供给我，是不是怕我保有了口供，而逐点指出漏洞？现在我不敢指出漏洞，就是怕他们修改，这里我可以作三个预言：一、李案政府一定不了了之，因为闻案推不脱，才说是警备部军官干的，但是出于“一时气愤”，李案再也不好说是自己人“一时气愤”而干的了。二、闻案不会再审了，也不会正式宣判。三、两个凶手在执行死刑时，一定有另外两个替死鬼，这一点我敢百分之百的肯定，因为他们已经在如此布置，里面的人已经透露了这个消息。

我们承认政府在法律上的地位，也承认政府的司法警察。

因此,我们希望政府也承认我们在政治上的地位。这一次,政治暗杀,被杀者是在野的民盟人士,故在朝的国民党已经有了嫌疑。我们希望国民党坦白、公正、邀请民盟共同调查,共同审判,共同宣布,这才是在朝的政党的风度及作风,倘使推推诿诿,这无异加重自己的嫌疑。所以,我们一贯主张,要求把这案件移南京组织特别法庭审理。因为我们知道,凡属政治性的案件,交给法院是无法宣判的。战前七君子案,最近的较场口案,都是如此。故李闻案一定要组织特别法庭审理。我们是这样指出,这样要求,觉得政府应该如此。如果政府不采纳我们的意见,我们也用不着强求,因为这只是又一次地证明了政府的隐私!

中国民主同盟政协代表对召开国家大事致蒋介石电

（一九四六年九月三十日）

南京国民政府蒋主席钧鉴：

接读国民大会代表选举总事务所张厉生主任九月二十三日函，催将民主同盟参加国民大会代表名单，于本月底以前送交政府。查国民大会代表增加之人数及其分配，尚未经政协会最后决定，今催各党派开送名单，究以何项名额为依据，此实令人大惑不解。然此其小焉者也。窃以召开国民大会之唯一目的，乃在制定宪法、实施宪政，以奠定中华民国民主统一之基础。然此种大业，必于全国人民全国党派精诚团结之环境中，始克完成。今者国共两党正在进行中国历史上空前激烈之内战，一地之争，杀人盈野，一城之争，杀人盈城。烽火遍天地，膏血涂原野，虽历年内战，无此规模，更无此残酷。在此兵连祸结之情形下，犹谓国共双方代表能平心静气，共聚一堂，以讨论国家基本大法，宁非幻想。若谓国民大会之举行，不求全国各党派之全数参加与合作，而以当权在位之国民党单独为之，一党专政之局不改，全国统一之局不成，则宪法之尊严何在，宪法之效能何在？且事推演所及，万一党派各召会议，各制宪法，各建政府，各成国家，使此十一月十二日之国民大会，陷国家于长期分裂，永久内战之境地，国命民命，万劫不复，此为同人栗栗危惧宁死不愿见者，又岂我公领导建国之本衷耶？中华民国之产生，已三十余年于兹矣。内战相循，民无宁息。其主要原因即过去当权负责者始终未能用政治解决内争，始终陷于武力统一之错误途径。因此过去亦曾一再举行所谓制宪会议或国民大会，亦曾一再公布宪法，然此又何补于过去分裂内战之局？宪法之效力，宪政之推行，须有人民一致之拥护。此则在领导者之诚信，不在武力也。自今年一月政治协商会议举行以后，国家实已得到空前未有之和平统一机会。不幸协议各端，未能立即实施，此实全国人民痛心之事也。今者国不堪再乱，民不堪再苦。同人以为时至今日，国家必须立即终止内战，立即恢复和平，而后举行全国拥护之国民大会，制定真正民主之宪法，以实现国家之和平统一民主。东隅已逝，桑榆未晚。倘各党派能及此推诚相与，则十一月十二日之国民大会，犹可为转祸为福之枢纽。凡足以促进国家和平统一民主者，同人当全力追随，共襄大业。反之凡陷国家于长期分裂，永久内战之举措，见绝于国人，贻祸于子孙，同人不止不敢冒昧从事，且将呼吁国人共起反对而制止之。直率陈词，幸垂察焉！

张　澜　沈钧儒　黄炎培　张君劢
张东荪　张申府　章伯钧　梁漱溟
罗隆基　同叩

中国民主同盟政协代表说明对时局态度

（一九四六年十月四日）

一、民盟鉴于十一月十二日国民大会之召开，系国家统一或分裂之一重大关键，故于日前致电蒋主席。民盟是主张提前结束党治，实行宪政的，当然欢迎国大的召开，惟目前时机不对，为了避免国家的分裂，民盟不仅决定不参加国大，且敢于向社会呼吁，希望全国同胞们一致反对这种会议的召开，竭力制止它。民盟并非反对国大，更非反对结束党治，而是不能坐视缔造三十五年的中华民国，经过八年艰苦抗战之后，竟形成一个分裂局面。至于政府最近为答复中共抗议而发表国府委员名额分配事，外界并不明了为何在中共要求的十四名额中附有民盟四名。缘在政协开会时，政府坚持在四十个府委名额中须占半数，而中共则坚持必须获得三分之一否决权而后可，民盟为缓冲国共起见，息事宁人计，才自动把民盟应有的名额并入中共内，而达成三分之一否决权的目的。谁料府委名额今日竟成为和战关键。此其一。关于政府第二项的答复，要中共军队限期开入驻地，民盟以为应按政协决议，军队必须国家化，绝不许党军存在，军队调动概听政府指挥，不得分划地区，限制某方专驻某某地方。

二、民盟绝无反美或反苏意思,反之,非常需要美苏作朋友;但为了国家的独立和自主,绝对不愿外国军队驻在中国。现在我们讲的是美军退出中国,并没有讲过美国退出中国。民盟不反对美国援华,但须在不参加中国内战和不干涉中国内政的原则下援助,否则美国应负其责任。

三、李公朴被暗杀案,迄今未缉获凶手,此案拖延不决,实无法解释。政府应负责任。而目前各地有计划查禁民主刊物,是绝对不民主的。

中国民主同盟代表
在沪招待记者说明三个问题

（一九四六年十月六日）

一、和平或者战争，统一或者分裂的问题。自从中共要求政府军停止进攻张家口的抗议书与备忘录及政府宣传部长彭学沛的声明先后发表后，这问题已发展到最严重的关头，民盟从来主张提前实施宪政，决不反对召开国大，尤不反对参加国大，但必需有益于和平统一。反之，如果因为召开国大而引起长期的痛苦，即分裂，民盟非但不参加，还要挺身出来反对。

彭部长的文件还提到国府委员会的名额及军队驻地问题，这应该由中共答复，但其中府委名额牵涉到民盟，不能不有所说明。民盟在政协会当时即称：决不因府委名额而使国家分裂。当时政府坚持十二名，中共坚持十四名，以保证运用否决权。政府不同意中共要求，双方争执不下，民盟为了求得和平，愿意帮助解决这一问题，就是说中共要求的十四名内，可以有四名是民盟的，等于中共放弃四名，以使僵局转化。后来政府果然同意。现在政府变了态度，说是愿意分一名给中共指定的无党派人士一共凑成十三名，这种指派性质，完全违背政协精神，民盟反对！

关于驻军问题，实际上，如果彻底实行和平建国纲领，便没有这问题存在。因为纲领中明白规定党政分治，军政分治，当军队已经国家化了，军队不干涉政治了，有如今日英、美的军队，那里还有军队驻区问题呢？现在把驻地当成地盘，所以发生了问题，而且永远谈不好，永远不统一。

二、民盟对美国的态度，民盟决不反美，亦不反苏，更不拉美反苏，亦不拉苏反美，而且希望美、苏合作。在中国建国的过程中，还希望美、苏都能协助中国。但，民盟同意美国人民发起而由中国人民响应的“美军撤退中国”运动，民盟坚决反对美军驻华，因为世界上没有任何一个独立自主的国家驻有外国军队。尤其是在内战中的中国，美军的驻华显然助长了中国的内战。然而美军退出中国，并不就是美国退出中国。我们欢迎美国物资协助中国建国，只要不干涉内政，不助长内战，民盟一体欢迎。美军如不撤退，民盟敢于对美国说：中国的内战，美国要负责任。

三、民盟对于李闻案的看法及整个民主运动的问题。民盟不满意闻案的结果，尤其不满意李案至今尚未了结，民盟至今仍在督请政府负起责任，火速惩凶！

关于整个的民主运动，在内战中遭受了不少的打击与挫折，例如最近上海市的大量没收书刊，完全是反民主的举措，所没收的刊物中，有不少同民盟有关系的，例如“再生”即使同民盟没有关系，也不应该没收，民盟坚决反对此种反民主的手段！

总之，无论局势如何恶劣，民盟仍然坚决反对内战，反对分裂，而主张民主！

中国民主同盟主席张澜在沪十一个民主团体欢迎会上的讲话

（一九四六年十二月二十三日）

主席，各位先生：今天承各位这样盛大的欢迎，使本人感到至高的光荣，同时，也发生无穷的感想。

中华民国的招牌，已挂了三十五年，人民却还在迫切的要求民主。抗战的胜利，是中国经过八年长时间的艰苦撑持，付了几千万人以上的血换来的。现在抗战胜利已逾一年，而全中国人民却直接间接仍还被逼担负着不光荣的战争的牺牲和痛苦。今天，全中国人民不但并未得到民主，简直更是被逼到死亡线上挣扎，要想生活下去也不可得了。回想这三十五年来，尤其是近八年来的历史，岂不令人痛心。

各位人民团体的领袖，是深能反应人民的心意，一定知道人民在今天想的是什么？要的又是什么？本人从四川来，四川在目前还算是比较安定的地方，也是比较容易生活的地方，但已经是民不聊生危机四伏，已够使人忧虑和痛苦的了。到了上海一看，更使人立刻感到经济的危机真已到了尖端，如果内战还是无限期的扩大延展下去，那就只有把国家打亡，人民打光。而且依我看,这时间并不远,人民真已到了不能忍耐的时候了!

我们民主同盟,远在六年以前新四军事变时,便结合同志从事于调解国共两党的争执。那时我们是怕影响了抗战,在抗战胜利之后,我们又怕因内战而影响了建国。我们首先提出“民主统一和平建国”八个字的口号。意思就是要以民主来求得统一,以和平来完成建国。我们认为中国只有这样一条路,才是光明坦途;而我们的原则是“政治民主化,军队国家化”,我们的办法,则是召开党派会议,组织联合政府,并且由改组后的政府来担任一面从事制宪,一面执行整军的工作。要这样,一切复兴计划,才能奠立起基础,才能保持八年光荣抗战的战果。我们相信,这是全中国人民的意思,是全中国人民一致的愿望和要求。因为这是全中国人民唯一的出路,而这中间却需要大家都能有真诚谋国的心理,和衷共济风度的。

因为有了去年十二月十五日的杜鲁门总统声明,及十二月二十七日莫斯科三国外长公报,继之以马歇尔特使的来华,算是产生了政治协商会议。其实政治协商会议的性质,正是我们积年来所主张的党派会议(我们所主张的党派会议,是以党派为中心而包括社会贤达共同参加,这是几年以来,屡有宣言的),在这会议中,我们所主张的原则“政治民主化,军队国家化”也就是和平建国的必要条件,是订入了纲领。改组政府及对以后建国的方法及步骤,也都有了具体的协议。所以,我们是非常兴奋的参加了这个会议,完成了各种决议案。在当时,全中国的人民是如何的兴奋,又是如何的以为从此就有了前途。那知在人民庆祝政协成功的第一天,我们的同志李公朴首先挨了打。当时我们还以为这不过是独裁作风的尾声，今天想来，那知竟是撕毁政协的序幕。从此以后，打风四起，由李公朴的挨打到马叙伦等几位先生及我们同志叶笃义在下关的被打，直到李公朴、闻一多同志的被杀，这象征了政协光采渐渐的在褪色。一党国大召开之日，政协的精神更算是完全消灭了。

说到这里，我得附带说明一下，我们为什么不参加现在开会的这个国大的原故。我们既然是参加政协，我们当然有拥护政协的义务。政协的精神，就在这个“协”字。而我们民主同盟，在国共两党之间，我们又是超然独立的第三者的调人身份。所以，凡是片面的，不合政协精神的，无论政府也好，会议也好，参加只有促成分裂。我们抱促成团结的愿望，而又出以促成分裂的行动，这是绝对不应该的。正唯其我们是超然的独立的第三者，我们就真无参加这个分裂的国大的理由。我们坚决相信，人民的希望，国家的前途，只有和平、团结、民主。便替国共两党着想，也只有和平、团结、民主，才是他们的出路。我们之所以不参加这个分裂的国大，是要保持着我们超然独立的立场，及调人的身份，才好对调解武力党争继续尽其最大之努力。这不但是为全中国人民着想，为和平前途保留一点转圆的机会，也可以说正是为他们两党着想，不致使他们陷入僵局，因此，就永远的打下去，直打到失尽人心，自己也同归于尽而后已。

说千说万，我们只有努力促成和平。和平才是全中国人民的需要。不过今天的形势，显然是愈走愈僵，愈来愈坏。何以致之？这中间的是非曲直全国人都知道，用不着深说。但是，很显然的，今后争取和平的工作，比以前是愈感辣手了。因之，我们愿意大声疾呼全中国人民必须自己起来,扩大争取和平民主的阵线。我们愿意联络全中国争取和平民主的每一个人都在同一道路中共同努力。谁要致国家于分裂,我们反对。谁要独裁专政,我们反对。换句话说,我们为了国家的前途,为了自己的生存,我们必须拥护政协决议这个宪章,拥护以民主的方式来求统一,以和平的方法来求得完成建国的这个主张。这是全中国人民的历史使命,是人民的权利,也是人民对国家民族所负的义务。我们全中国人民表现自己意志,行使自己主权,这就是民主。谁不照着人民的意志做,谁不要人民行使主权,谁就是反民主,谁就是国家的反叛,人民的罪人。

我们这样主张,我们认为是天经地义。我们将以十万分诚恳的心情,伸出合作之手,愿与一切爱好和平民主的人士携手合作,共同来完成这个艰难而又巨大的任务。

自从有了民主同盟以来,尤其在一年以来,我们自己虽然努力保持超然独立的第三者立场,然而,向我们利诱的,向我们威胁的,向我们施以迫害,分化,企图摧垮我们的,已经是应有尽有,无所不用其极。然而我们是屹然不动,我们仍当一本初衷尽其应尽之责。今后我们更愿坚定立场贯彻主张,更希望世人尊重我们这个独立的立场,不要再存妄想运用阴谋来利用或控制这个第三者。须知道,向称为第三者的党派或个人,如果因利诱或威胁而终于偏在一边去了,这只有把国家的事越弄越僵,越弄越坏,结果是毁了别人而又无益于自己。我们希望世人尊重我们的独立立场,我们更希望世人以同样心情尊重一切爱好和平民主团体的独立立场。尤其希望各团体相互之间一样彼此尊重。大家在和平民主的运动上多多用力,才能收众志成城之效,显示出人民的意志和力量来。

总而言之,联络争取和平民主的团体,扩大和平民主的运动,以达成民主统一,和平建国的目的,这是我们今后唯一的希望和任务。还望各位多多予我们的指教,多多予我们的帮助。

中国民主同盟致民社党的信

——关于开除民社党的盟籍

（一九四六年十二月二十四日）

径启者:本盟中央常务会第十一次会议议决:“民主社会党违反政协,参加‘国大’,与本盟的政治主张显有出入。兹经本盟决议,认为民主社会党已碍难在本盟内继续合作,但对于不主张参加‘国大’之民主社会党党员深表同情。至有民主社会党党籍之盟员,而参加‘国大’者,应予退盟。”相应抄录原案,即希民主社会党主席张君劢查照。中国民主同盟秘书处启。

中国民主同盟主席张澜为外资官僚资本压迫民族工业发表演说

（一九四六年十二月二十七日）

一般的说法，都认为中国是地大、物博、人多，过去一百年来，因受了不平等条约的束缚，中国变成次殖民地的国家，虽然地大、物博、人多，而只辗转挣扎于经济侵略之下，一切无从建树。

凭理想，抗战胜利了，不平等条约取消了，又订了外貌看来似乎平等的国际条约了，中国的前途，尤其是经济上，应当是可以自由发展和繁荣了。以中国地大、物博、人多的条件，又配以国际的帮助，在生产工具和技术上，在管理上都猛锐的改进，把一个被侵略的半殖民地的落后的国家，转变为一个独立的自主的进步的国家，并不是不可能的。

但是，就一年以来种种事实观察，距离我们的愿望，实在是越走越远。很显然的，可以得一个结论，那就是政治不民主的缘故。政治不民主，那就一切都说不上，而且会越搞越坏。所以中国今天即使有了新的技术，有了机器和动力的生产工具，又有了科学管理，而在最根本的政治问题未得解决，那些技术、机器、科学，只会帮助垄断资本与官僚资本的发达，老百姓是一点也得不到好处。中国的“地”仍然是殖民地，中国的“物”也只是仍然被掠夺；中国的“人”，无疑的仍是压榨的对象。看一年来垄断资本与官僚资本的勾结，凭藉了政治力量，所有一切措施，那一件事，不是可以促成中国的经济更趋危险呢？尤其是最近垄断资本与官僚资本之结合作祟，而使得外货涌进，把一切民族工业，压得奄奄一息。这样搞下去，中国的社会经济，必然的，将会萎靡而到崩溃。

中国人，谁不关心自己国家民族的事，诸位都是工商界金融界的钜子，我敢相信，谁都有很高深的学问，宝贵的好经验，更有很高热忱，想要把中国的事弄好，尤其是建立中国工业基础，安定中国金融，使中国能成为一个现代化国家的事，都是在劳神焦思。有很好办法，然而这些办法在政治上也许只能得着限制，而绝对得不着帮助。可有什么办法？所以归根到底，只有政治民主，一切才有办法，一切希望和计划，才不落空。

在目前，更迫切的要求，尤在不打仗。不光荣的内战，可以把一切打光。只有和平才是利国福民之道，只有实行民主政治，才可以致和平，化干戈为玉帛。和平与民主，是不可分的，我们屡年来所主张的和平民主，是建国的必要条件。总归一句话，政治不民主，在经济上就有好的计划或政策，也是无从实现。所以根本还在争民主政治，希望大家予我们主张以有力支持及帮助。

中国民主同盟对于片面宪法发表声明

（一九四六年十二月三十一日）

中国民主同盟从成立的时候起，就主张中国结束国民党的一党训政，实行宪政。但本同盟鉴于中国过去宪政失败的历史，故坚决主张实施宪政必须与国家的和平统一为先决条件，而尤特别注重制宪机关的合法根据，以期真能达到实施宪政之目的。宪法为国家的基本大法，同时亦是全国人民一种神圣尊严的共同契约，此种契约必须以全国人民的共同意志为基础，所以制宪的国民大会必须为全国人民代表所愿共同参加的一种会议。人民对宪法有了共议共制的权利，而后人民才有共遵共守的义务。只有用民主统一方式产生的宪法，而后宪法才有真正民主的内容，而后宪法才能发生真正的效力。依据这个大原则，中国民主同盟对政府今天公布的宪法，有下列几点重要的声明：

第一，民国三十五年十一月十五日举行的国民大会是违背了政治协商会议的决议程序与精神而召集的一种制宪会议。政协决议中，最重要的一项是先成立各党派的联合政府，而后由此举国一致的政府共同召集国民大会以制定宪法，并共同担负实施宪政的责任。这种决议程序与精神，已被政府党全部破坏了。

中国民主同盟站在维护政协的立场，拒绝了参加此次国大，因此，本同盟对今天公布的宪法愿保留其接受的权利。

第二，根据政协决议，国民大会必须依据政协共同协商的宪草而制定宪法。此次宪法所依据的宪草乃国民党片面提出的草案，在法律上与事实上均非政协宪草。宪政的基础是法治，而法治最重要的条件是守法。用破坏政协的行动而制成片面的宪法，则所谓宪法已失去了法律根据，而违法造法者必不能示人以守法之保证。更就所谓宪法之内容来说，许多重要条文，既为政协争议未决之问题，且与真正民主的原则相距甚远。民盟站在争取中国真正民主的立场，愿保留其接受此宪法的权利。

第三，此次国大除制定所谓宪法外，又曾通过所谓行宪办法十条，在此项办法中，竟规定将来国大、立法院及监察院于选举达到三分之二之人数时，即可召集会议，实行宪政，此种规定显系假借制宪行宪之名，为长期内战永久分裂作准备，此实政府决心放弃和平与团结之预谋。国家没有和平与团结，则国家永久没有宪政与民主，政府此种措施，与本同盟之主张根本违背，更与全国人民之利益根本冲突，本同盟愿唤起全国人民共起坚决反对。

中国民主同盟主席张澜在一届二中全会开幕式上的开幕词

（一九四七年一月六日）

各位同志：我们的二中全会在很久以前就决定要召开，以种种原因，迁延到今天才开幕，距第一次临时全国代表大会已是整整一年又三个月了。在这一年又三个月中，中国的形势变迁非常之大，全中国人民痛苦到了极点。以往我们“政治民主化，军队国家化”的主张，曾一度在政治协商会议中，争到了若干的成就，如果政协决议逐步实现，本可奠定一个民主的初基，不幸是转眼之间，都成泡影。就使得中国的事，愈来愈坏，各方对此都表示惋惜，这证明我们一向的主张是正确的，是全中国绝大多数人民所欢迎的。

“人民是国家的主人，人民组织国家的唯一目的，只在谋全体人民的福利。所以在一个国家，倘使政治是一人或一部份人的专制独裁，经济是一人或一部份人的独享独占，就失去了民主的意义。民主的政治经济，必定是全体人民的政治，全体人民的经济。”这些话，是见于我们民国三十四年十月临时全国代表大会的政治报告中的。这就是我同志们，所要努力争取实现的目标。此外我们明白规定对于政治制度，是主张行普选制度的议会制，而且我们主张两院制。对国家最高行政机构，则采内阁制。我们更主张国家应“实行宪政、励行法治”，但我们并不认为有了宪法，就算宪政。更不承认假“法治”之名，以行“专制”。所以更主张“任何人或任何政党，不得处于超法律的地位。”这些，也都见于我们纲领中的。而我们最根本一点，还是在争取人权自由。在政治协商会议中，我们纲领上的这些主张，得着全国人民的支持，本已相当的为全国人民争得到了一些。但直到今天，我们替人民所争得的自由民主这张“支票”，政府却未兑现。当权党仍是处于“超法律”地位。凭藉这种“超法律”的权力，就撕毁了政协决议，更片面的制定了所谓“宪法”，企图以“法治”之名来保“党治”之实，这是谁也知道的事。我们站在坚决拥护政协的立场，毅然拒绝了参加所谓“国大”。因为我们所要的民主，是和平的、团结的、统一的真民主；而不是战争的、分裂的假民主。我们将为真的民主而继续努力。至低限度，我们要争取到不折不扣实现“政治民主化，军队国家化”的政协纲领及决议，我们决不让政协纲领及决议这一张“支票”不能兑现，我们就有代表人民拿着这张“支票”向政府“采券责偿”的责任。这是我们今后努力的目标，也是历史付予我们的使命。我们今天来开这个二中全会，对于如何完成这个使命，正是我们这个会中最主要的课题。要为这个课题作答案，我们认为有两件事，我们应该注意：

第一，是迎取同情。我们的根本态度，是拥护政协。为了使力量加强，更容易达到目的，我们就得更广泛的号召全中国人民，了解我们的主张。我们一贯的主张，在谋全体人民的福利，前面已说过,本是应该博得全社会同情的。我们就要用切实而敏活的方法向广大的人民中去宣传、去迎取,使得大家都直接间接的来帮助我们,加强力量,共同努力。

第二,是加强组织。我们民主同盟,是一个永恒性、独立性的政治团体。我们有纲领、有政策、有机构、有规程,并且对国家一切的问题,我们有独立自主的主张。但无可讳言的,过去我们在组织上还不够坚强,不够严紧,不够扩大。虽然我们的主张,能博得多数人的同情,而在组织上所反映出来的力量,还不够大。今后,我们必须在组织上建立起广大而坚实的基础,才能充分的发挥出我们的力量,迅速的实现我们的主张。我们这个有永恒性、独立性的政治团体,凡能接受我们的纲领,服从我们的决议,坚决信仰民主主义的份子,不论其有无其他政治团体的关系,我们一概欢迎其入盟。假如说我们民主同盟是在演进生长期中的政党,很明显的,我们民主同盟是一个有永恒性、独立性而绝无排他性的政党,是民主宪政国家的通常政党。我们所包含的份子,并不限于某一个阶层,我们的基础要建筑在全民的上面。

如何迎取同情?如何加强组织?这是此次开会对我们的课题作答案应注意的具体内容。

此外更有一点意思要向各位同志说:我们必须把握自己的独立性,无论从主张上说,从组织上说,我们首先要自己立得住脚。必须自己立得住,才会有人跟着走。不过,这并不是说,我们务要求异于人,而是说,我们不能随便抛了自己的主张,而随声附和,勉强从同,尤其重要的,我们决不可被人利诱、威胁以至于自己放弃了立场，只为一时苟且因应之计，而忽略长久远大之图。我们虽然是一个政治团体，但是，在我们的主张不能实现之时，我们并不炫惑于政权的取得，我们必须有“淡泊宁静”的胸襟，而后才能担当起“任重致远”的责任，所以我们宁可长期不参加政府，而断不可一旦失去了自己的立场。要有这样的精神，而后我们的团体才有光明、坚固、远大的前途，我们这次会中，对课题拟议答案时，一切研究更应以此为出发点。

各位同志本素来的抱负，及在临时全国代表大会以后的体验和研究，我相信，对以上所说的问题，必能各自发挥宝贵的意见，使得到圆满的解决，这样必然使这个会议，有丰硕的收获。

中国民主同盟一届二中全会政治报告

（一九四七年一月十日）

一

中国民主同盟在民国三十四年十月在重庆举行第一届临时全国代表大会。在那次大会中，我们有一篇政治报告。那篇报告把当时国内的政治形势做了一次综合的分析与检讨。在政治报告中，我们说明了民盟所要争取的民主，我们提出了对时局的八项意见，并提出了一个解决当时政治问题的具体方案。那方案的主要点是：召集政治会议，组织联合政府。在当时我们就认定中国问题的关键在停止国共两党的武力冲突，以消弭内战，恢复和平。在当时我们就认定，国家必先有和平，而后国家才能够有团结与统一。国家必先有团结与统一，而后才能实施宪政，实现民主。这种见解，直到今天，我们还丝毫没有变更。

在这里，关于民主同盟当年所以成立，以及他所担负的历史使命，我们要补充几句话。民主政团同盟是在民国三十年成立的。那时候国家的对日抗战正在严重危险关头，而国共两党的武力冲突在华北、华中各地却日趋尖锐化。我们当时深切了解，国共武力党争问题,倘不能得到妥善合理的解决,国家在当时就无以抗战,在日后必无以建国。民主政团同盟从成立之日起,其目的在实现中国的民主,其第一步的工作,却在调解国共党争,以求得国家的团结、统一与和平。国共武力党争一天不得到解决,国家的民主固然延缓了一天,而民主同盟初步的使命亦就一天没有完成。这说明民主同盟历年来,特别在去年一年,所以全力从事调解国共党争的理由。我们不是要做局外中立的和事佬,我们是站在民盟本身的岗位,求完成历史的使命,以奠定中国的和平,以实现中国的民主。

中国民主同盟调解国共党争的工作,不是无立场无主张的疏解拉拢。我们是依据自己的政策与方案求解决国家的问题。在民主政团同盟成立宣言里,我们就标明了两句话:"政治民主化,军队国家化。"因此,解决国共的争端,一方面必做到政权还诸人民,一方面必做到军队还诸国家。达到这个目的,中国民主同盟并没有忽略中国二十年来党争的历史事实。我们主张军队国家化与政治民主化双管齐下,相提并进。以政治民主化保证军队国家化之实施,同时由军队国家化之实施更稳固政治民主化之基础,必使国共两党各有所予,各有所取;各有所放弃,各有所收获,都能得到保障,都能增加信心。而这种解决党争的方式,在我们看来,根本又是发挥民主精神。所谓民主精神,第一是容忍,第二是互让,第三是妥协。只要这种民主精神培养起来了,国家尽管是多党,各党尽管有不同的主义、政纲与政策,而各党依然能合作,国家依然能统一。换句话说,民主同盟历年来努力的途径是要做到国家公有,党派共存,而最后目的是要把中国做成一个十足道地的和平、统一、民主国家。这段话说明民主同盟从成立到现在,虽然站在国共两党之间努力进行调解武力党争,但民主同盟的组织是独立的,政策是自主的。我们不否认,站在政团的立场,对国共两党的党争,民主同盟是个第三者,我们应保持不偏不倚的态度。但民盟既是一个独立自主的政团,我们依据我们的政纲政策以争取国家及人民的福利,民盟对国事自然应该明是非辨曲直。是非曲直之间就绝对没有中立的余地。民主同盟的目的是中国的民主,是中国的真民主。民主与反民主之间,真民主与假民主之间,就绝对没有中立的余地。这是我们中国民主同盟坚定不移的方针。因为我们把握住了这个方针,所以我们在过去一年中虽然经过了政治上许多巨大风波,政策上还没有迷失路途,因而本身到今天还是中国一个屹然独立的政团。亦唯有切实把握住了这个方针,我们民主同盟才能应付今后中国那个纷繁复杂的政治局面,以完成我们消弭内战争取和平的历史使命,以达到中国真民主的目的。

二

上面这段话简单说明了民主同盟的性质,同时亦简单说明了民主同盟工作的方针。现在我们要来检讨民主同盟去年一年来政治工作的经过,这就等于检讨中国去年一年来政治演变的经过。

中华民国三十五年是一个“和谈”年。中华民国整整一年的时间就耗费在这“和谈”两个字上面,而我们民盟去年一年的大部份精力亦耗费在这“和谈”两个字上面。所得到的结果是“谈而未和”。在去年一年中，不止国家没有民主，全国国民并且没有看见和平。这是国家极大的损失。这亦是民主同盟去年一年来工作的失败。这是我们民主同盟应向全国国民深致歉意的一点。

民国三十五年中政治上最重要的一件大事是一月十号举行的政治协商会议。用党派协商的方式解决党争，进而解决国是，这是民主同盟从成立之日起的一种主张，这亦是民盟前年临时全国代表大会中解决国事的第一个建议。因此，民盟对政协会议，在开会以前，在开会期中，在开会以后，都曾用充分的诚意，极大的努力以争取成功。到今天回顾起来，政协会议是成功，而政协决议的执行是彻底的失败。现在我们分四个节目来追述这一年来的和谈历史：（一）政协失败的一个祸根；（二）政协决议的全盘估价；（三）政协会后的毁约责任；（四）政协决议的彻底撕毁。

第一，我们先谈政协失败的一个祸根。大家都还记得在去年一月十号政协开幕的前一小时，国共两党经美国特使马歇尔将军的斡旋签订了一个停战协定。这在当时是个和平的福音。不幸，政协失败的祸根就隐伏在那停战协定里。在停战协定中把东北划在停战范围之外，那就是后来政府所谓政府军队在东北接收主权不受停战协定的约束。因为协定中这个例外的条文，就把东北变成了党争上一个不决的悬案。这是去年一年内战不能停止，和平不能实现的一个大关键。对这种条文，我们民主同盟在当时首先发表反对的意见。在我们看来，世界的和平是整个的，不能以区域来划分，一个国家的和平更是整个的，更不能以区域来划分。国内的党争须一了百了，必须整个的了结，更须全盘的了结，不能在某些区域留下一个党争复起的漏洞。这种见解没有被各方重视与接受，这的确是个遗憾。

打开窗户说亮话，东北问题所以成为停战协定的例外，国民党有国民党的打算，美国方面有美国政策的用意。在东北问题上，国民党有了防共的预谋，美国存了防苏的企图。防共政策与防苏政策的配合，于是成了中国当权党政策与美国政策的结合。因为这种结合，于是使东北这个原来复杂的问题更为复杂。于是使东北问题不止是国内问题的一个焦点，更成了国际问题的一个焦点。在日本投降以后，政府依然派遣大批军队赴东北，美国担任军队的运输。这都是不必要的措施。其后美国大批军队有长期留驻华北的打算。我们民盟在前年就喊出“美军撤退”的口号。我们早就料到东北问题必有不可收拾的一天。到了三十五年一月十号停战协定签字以后，东北在三四月间复发生国共战争，而这种战争复由关外打进关内，使局部战争牵动全局，使全面战争无从收束，使美国特使马歇尔元帅后来对调解工作束手无策，症结就在这里。东北四平街的战事就是武力党争扩大与延长的一个大关键。然而在我们民盟看来，这是国家不必要的损失，更是人民无意义的牺牲。我们民盟当时对这个战争做了制止与调解的最大努力。这经过我们在后文再行补述。这里我们要指明的只是东北问题不能在一月十号停战协定中妥善解决，却为国家问题留了一个祸根。直到去年十月间在蒋主席提出的停战八项条件中，所谓军队就现地停战而不包括东北在内，所谓地方政权由国府委员会解决而不包括东北在内，这都证明东北问题的重要性,同时亦证明政府在东北问题上始终没有得到正确的看法,始终采取了错误的政策。对东北问题,我们民盟的看法与政府的看法,始终不一致。我们认定国家的问题是整个的,国家的和平亦是整个的,要解决必须全盘解决。从苏联在东北撤兵以后,我们只承认东北在现实政治上有党争,却没有所谓的“接收主权”问题。国家的政府向本国国民进行所谓“接收主权”的战争,在法理上是说不通的。我们不否认,东北问题牵连着外交关系在内,是个微妙脆弱的问题,应迅速求解决。但把东北问题划在全国整个问题之外,以不解决为解决,这不是真解决。利用国际关系上的冲突矛盾,凭着武力来解决,这更是自贻祸害的解决。我们民盟始终认定实际政治应面对现实。东北问题是个国共党争的焦点,亦是美苏关系的一个焦点。在去年三四月间,我们就坦白承认中国共产党在东北有军事上及政治上的力量。我们就力劝国民党在解决东北问题时,要承认现实。我们当时亦坚持东北是中国的领土,政治上必求统一,不容分割。认识了这些现实,那末,党派合作,党派与地方人民的合作,才是东北问题一劳永逸的解决方案。姑无论国际关系怎样演变,我们不能让中国的东北成为世界战争的导火线。中国任何党任何人掌握政权,他要担负维护东北和平以安定远东局面的责任。这是我们民主同盟当时的主张。但不幸,在政协未开会以前,在一月十号的停战协定中,政府对东北问题就没有妥善合理的处理。因此,东北问题就成了政协失败的一个祸根。

第二,我们再来讨论政协决议的全盘估价。政协有五项决议:(一)改组政府;(二)共同纲领;(三)召集国大;(四)协定宪草;(五)整军方案。这些决议的内容是人所共知的事实,用不着重复叙述。这五项决议的价值如何,这些决议假如都能切实执行,到底能不能解决目前中国的实际问题,这是值得我们用客观的眼光来分析讨论。首先我们要问,当时举行政协会议的目标是什么?我们民盟的目标,亦可说我们民盟依据人民意志在政协会中所要达到的目的是这两句话:“政治民主化;军队国家化。”这两句话是说来容易做来难。这当然不是一次会议可以完成的。我们只能说,我们要推动政治与军事走向这个途径。倘以这个做标准,我们今天可以说政协的决议是十分成功,是十分有价值。就五项决议,用各党派主观的立场来估价,那末各方都有不满意之点。但政协会议顾名思义是协商,是互让,那末,五项决议中各党派各有所得,各有所获。这真可说“协商恰到好处”,“互让”却没有抹煞“政治民主化,军队国家化”这个大原则。政协决议有一套整个的精神,必先明了这个精神,而后才能估计决议的价值。政协决议的精神要在执行政协决议的程序上,或者说先后的步骤上才可以表现出来。执行政协决议的第一个程序是成立各党派参加的联合政府。这就是说,举行了政协会议以后,中国已经不是一个训政的时期,乃是一个一党专政到宪政民主的过渡时期,这过渡时期是由各党派共同合作共同负责。共同负些什么责任呢?由一个举国一致共同负责的政府来进行这几件大事:(一)执行和平建国纲领;(二)召集国大依据共同协议的宪草制定宪法;(三)依据新的宪法实施宪政;(四)实施整军建军方案。大家在政协会里,说得明明白白,上面这几件事,要各党派共同负责来做,不是由国民党单独掌握政权来做。

倘不如此,那依然是党治,那不是政治民主化。倘政治不能民主化,军队就不容易国家化。因为在解决党争的步骤上,共产党必先获有政治上安全的保障而后才可以渐次放弃武力,所以,第一步,必须首先成立包括全国各党都在内的联合政府,联合政府的一切设施又须有共同纲领以为准绳。关于共同纲领,民盟与中共又联合起来要在国府委员会中有三分之一的否决权做保障。在国民大会中,因为要通过政协宪草,民盟与中共又联合起来要有四分之一强的人数做保障。这是整个的一套,也就是同盟决意对国事负责的一套。有了这一套,于是国民党共产党及其他党派才能各得其所,才能安心安意的合作。由这种试验的合作以渐次增进彼此间的共信互信,而后由武力的斗争过渡到和平的竞争。

与这一套政治方案相辅而行的是政协中的军事决议及二月二十五号的整军方案。在我们看来,这两个文件是很周密的,很切合实际的,很有重大价值的。政协会中关于军事协议有整军原则八条,有以政治军办法五条。在整军原则中要做到军党分治与军民分治。在以政治军办法中,要改组国防部,而国防部中又要设立建军委员会,由各党派人士参加以担负建军计划。这都是用共管共治的方式,使国共两党得到共信互信,而后大胆把双方所有的武力交还给国家,使武力真正成为统一的国防武力。

因为政治决议及军事决议上有了这种互相退让的成绩,所以才能得到二月二十五号的整军方案。这里,我们应该很公道的说,整军方案是中共方面很大的一个让步。当中共签字这个协定时,确实有了与国民党合作的诚意。第一,这方案的名称就叫“整编及统编中共部队为国军之基本方案”。中共既愿把军队拿出来整编与统编为国军,中共签字这方案的时候,已决心将党的武力交还给国家。第二,整编与统编的数量国民党与共产党是五对一的比例,到了统编时期,中共在东北方面十五个师中只有一个师,这显然证明中共已决心放弃武力对峙的计划,中国军队果真经过整编统编之后,岂不就慢慢的走上了军队国家化的正轨吗?

这里,我们并没有拿政协的五项决议独项独条来分析讨论。上文我们已经说明白了,那些条文是各方面协商互让的结果。唯其如此,各方面都有不满意的地方。唯其如此,各方面对整个决议不能全部都满意,但亦不是全部都不满意。既然不是各方面全部都不满意,因此各方面都有所满意。协商互让恰到好处就是这个意义。然而政协会议最大的成就以及政协决议最可宝贵之点却在他的整个精神。政协会议的整个精神是各党派共同参加政府,共同担负责任,以各党派合作的方式,求达到“政治民主化,军队国家化”这个目的。照这样说来,政协决议是最大的成功,政协五项决议真有很大的价值。

到这里,我们要特别提出两件与民盟有关的事来报告。第一,民盟在政协会中曾经无数次提出东北问题及地方政权问题要求成立协议。而这些提案始终为政府代表所拒绝。我们今天固不必分析或揣测政府代表拒绝讨论这些问题的目的。但我们今天却要指出,政协这些漏洞却隐藏了后患。政协会后这一年来的内战,这些漏洞就是祸根。直到今天,我们民盟还引为极大的遗憾。第二,民盟与中共在两项否决权上的合作。那就是说民盟与中共联合在国府委员会中取得三分之一的否决权及在国大中取得四分之一的否决权。因为民盟与中共成立了这两种谅解,于是国民党中的反动份子就无端对民盟散布了许多谣言,加上了许多诋毁。这些谣言与诋毁本没有辩证与驳斥的必要。因为我们谈到政协精神,所以我们对这类事件愿在此稍加说明。政协最宝贵的精神,是党派的共信互信,是党派的互助合作。国民党与共产党有了二十余年武力斗争的历史。一旦希望两党立即尽释前怨,立即放弃武力斗争共同来到一个政府中担负国家责任,这不是一件容易事。共产党希望在政治某些问题上有否决权的保障,这是合情合理的要求。民盟因此遂与中共在这些问题上达成了一个谅解,用以增加共产党参加政府的勇气。这正是我们促进政协成功的一番苦心。当日我们的用意是由民盟与中共的共信互信,扩充到国共两党的互信共信,由这种共信互信,做成各党派在政治上的长期合作,以担负共同建国,共同实现民主的责任。这虽不是政协决议的正文,这却是民盟在政协会议中苦心运用的一个经过,愿在此附带有所报告。

第三,政协会后的毁约责任。政协决议是那样有价值的方案,我们在上文已经说明了。但政协决议始终没有执行,这到底是谁的责任,到今天似乎还是一个争议。这问题实值得我们用客观的眼光平心静气来讨论。去年三四月间东北方面重新发生战争,这的确是一个很大的关键。东北战事发生以后,国共两党的武力党争又复成了不可收拾的局面。于是从关外打进关内,从局部的战争又扩大成了全面的战争,于是一月十号的停战协定成了废纸,政协决议全部成了废纸。今天内战停不下来,和谈无从恢复，问题还是发端于东北的冲突。在国民党方面，甚至于在美国调人方面，却把东北冲突的责任放在共产党方面。平情论事，我们却不要忘记，在政协闭幕之后，在三月东北发生冲突以前，国民党方面已做了一大串的事件予政协精神以重大的打击。第一，四项诺言，不肯兑现；第二，沧白堂较场口的暴行；第三，国民党二中全会推翻政协有关宪草的决议；第四，国民党反动份子发动的重庆及全国各地的反共示威运动。这一切事件，已明白表示国民党方面的反动份子有彻底推翻政协的阴谋。这一切事件又负了造成东北冲突的责任。

就东北局面本身来说，上文我们提到，一月十号的停战协定把东北划在例外，而政府有所谓“武力接收主权”的政策，这是一个极大的错误。对政府这种策略，我们民盟从始坚决反对。不过三月十日苏联撤兵以后，东北的民主联军也就针对着国民党武力接受主权政策，接收了东北许多重要城市，当时我们民主同盟亦同样认为是莫大的遗憾。当时我们民主同盟即一再向国共双方忠诚进言，力劝应迅速以政治不以军事解决东北问题。到了去年四月初旬，东北问题已进到严重关头，我们民盟对停止东北战事曾作最大的努力。我们曾邀请国共双方代表，共同商谈，希望用政治方式解决东北问题。我们一方面劝中共军队让开四平街，一方面劝政府暂时停止军事前进，放弃武力接收政策。到了四月下旬，我们又提出和平接收长春方案，中共已允让出长春。不幸这种建议均未得到国民党方面采纳。后来在积极方面，我们又曾建议立即成立东北地方联合政府，以停止军事冲突，以统一东北行政，以彻底安定东北局面。这里，我们应该很坦白披露一个当时的秘密，那就是假使当时政府肯接受民盟这种建议，中共确实能够同意这种建议。不幸，国民党方面的好战份子迷信武力万能的错误政策，坚持武力接收政权，因以造成去年一年的战祸。

后来政府的军队进入了四平街。五月十九号共军又撤出了长春。假使政府过去所说“打到长春为止”这句话是句诚实可靠的话，那末东北内战又到了一个结束的机会。所以五月底六月初我们民盟又再努力打破僵局，促进和谈，因此又有从六月七号起所谓的限期休战那个局面。对限期休战这办法，当时我们民盟是坚决反对的。我们主张的是永久停战。因为“限期休战”与“政治解决”有根本的矛盾。政治解决国事，那就根本用不着战争，那就应永久停战。限期休战那只证明没有政治解决的决心。对六月间那几次的限期休战，我们民盟没有存多大的期望。在六月这段休战和谈经过中，有几点值得注意：第一，原来所谈的主题是东北停战，而政府坚持必与关内交通问题及整编统编问题同时全盘解决。第二，原来的争点在长春，待政府进占长春以后又坚持美国调人的最后决定权，待这问题得到了协议以后，政府又复坚持中共政治军事全部退出苏北，其后的要求又扩充到承德、安东、山东、山西等问题。第三，待东北停战问题及恢复交通问题已有协议，整军问题大体已得协议，所余的争点只是苏北的地方行政机构一点而已，而政府竟因这个小争点拒绝对全部协议签字。六月和谈因以失败，而七月间大规模的关内战争因以发动。这些事件的确是研究内战由来的重要资料。

从去年三四月间起，国共的战争继续不断的在进行，而在另一方面，政府又有了许多的措施，明明白白是背弃政协的行为。第一，从四月二十四号以后，政府拒绝召集政协小组会议，而政府的负责人且一再表示政府今后无再行召集政协小组会议的意思；第二，政府进行改组交通经济两部且以所谓无党派人士充任部长，以冀堵塞日后万一改组联合政府时中共对交通经济两部的要求；第三，政府提前单独成立国防部却不依照政协决议，邀请其他党派参加；第四，七月间政府不与各党派协商而单独公布十一月十二号召集国大日期；第五，九月间政府明白向美方调人马歇尔元帅表示两点意见：（一）改组政府时行政院不能改组；（二）中共先交国大名单为恢复军事三人小组会的先决条件。这些事件的重要性，在内战的猛烈炮火声中，或为国人所忽视。实际这些事件政府已一步一步走上彻底撕毁政协决议的大道了！

第四，政协决议的最后撕毁。假使要确定一个政协决议被撕毁的纪念日期，那当然是十一月十五号。因为在去年十一月十五号政府毅然决然举行国民大会开幕典礼，那就是政府毅然决然彻底撕毁政协决议。但在这纪念日期以前，还经过十月底十一月初所谓第三方面的调解。这次调解的内幕亦值得简单追述。这次调解的发动，出自政府，却非出自第三方面，而努力促成其事的却是我们民主同盟。政府派负责人员把第三方面人士在十月二十一号接到南京。在此三日以前政府正式宣布了停战的八项先决条件。其中重要的条件，例如关内军队就现地停战，关内地方政权问题由改组后的国府委员会解决，中共先交国大名单而后下停战令等等。这段调解工作甚为纷繁紧张。其间的重要争点，可分三点来说明。在政府方面，唯一着重点是先交国大名单而后停战。待十一月八号所谓的停战令下后，政府的唯一要求即先交国大名单，各党派如期参加国大。但政府则坚决拒绝在会前改组行政院。在中共方面乃坚持依据政协程序将政治军事问题全盘解决。站在第三方面中的民盟则坚持依照政协程序实施政协决议，如此，则必须于国大开会前改组国府委员会及行政院，必须由宪草小组完成协定宪草，并必须由综合小组协定国大组织及会议日期。换句话说，民盟坚持国大开会前必须完成政协程序。经过二十天的奔走疏解，那些不同的争点，并没有得到妥协方案，特别关于会前改组行政院一点，政府绝对不肯让步，而十一月十二号国大开幕的日期又已来临，于是第三方面又建议将国大开会日期延缓，再以充分时间从事政协小组会议，以求完成政协程序手续再举行团结统一之国大。最后政府将国大开幕期只展限了三天，而以这三天的时间索取第三方面人士的国大名单。因此调解失败，而所谓的第三方面本身亦宣告分裂。国大终于在十一月十五号由国民党一党主持如期开幕了。

政府在十一月十五号单独召开国大，政府用任何言词不能掩饰这是彻底撕毁政协决议的行为。我们在上文已经说明，政协有一个最重要的精神，就是各党联合以实行宪政，那就是各党派参加的政府必成立于国大开会之前。而政府必包括决策与执行两方面，换句话说，必国府与行政院同时改组。而后由这个各党派共同参加的政府以执行共同纲领，以召集国大，以制定宪法，以实施宪政，以担负整军工作。因为倘由国民党一党以实行宪政必致其宪政为假宪政，其民主为假民主，表面上是政协程序之争，而所关甚钜，违背了这个步骤，就根本破坏了政协精神，亦就根本撕毁了政协决议！

三

上面是对三十五年来一年中和谈经过的简单报告。一年和谈的结局是政府撕毁了政协决议。我们现在来谈谈政府撕毁了政协决议以后，当前中国的政治又成了什么样的一个僵局。

片面的国大已经开过了。所谓的宪法已经制定且已经分布了。我们民主同盟对国大拒绝参加，对宪法拒绝接受，这一切理由已公诸国人，不必在此报告。这次公布的宪法，不但不能促进中国的宪政，且为中国的真宪政真民主的前途上增加了一个障碍。这里，我们不止是指宪法的内容说的。我们也是指中国的团结、统一、和平的前途说的。当前中共的态度很明显，他们起初用解散国大做恢复和谈的先决条件，在去年十二月二十九号，延安发言人坚决否认这个宪法的法律基础。维护这个宪法与取消这个宪法，于是成了国共间的严重争点。多了这个争点，不止使中国的和平更加遥远了，甚至使国共间恢复和谈的时间亦更加遥远了。

现在和谈既然不能立即恢复，于是国共两党各有算盘。国民党是以和养战，共产党是以战求和，在此情况下，国是不能用和平协商方式解决，战争势必扩大与延长，将来战争的结果如何，我们在此且不必多事揣测。不过，在中国当前的环境下，内战不能停止，和平不能恢复，老百姓的痛苦总是加重加深。老百姓所要求的，是生存的机会，是活得下去，做得了人。老百姓要活下去，要做人，那末当前唯一的出路仍然是停止战争，恢复和平。

今天中国老百姓活不下去,做不了人,这绝对不是过甚其词的渲染。我们今天只好承认语言文字绝对不能描写出来中国社会的痛苦、凄惨与悲哀。我们且来看看内战赐给我们老百姓的是些什么?中国通常有所谓士农工商各界。试问,今天那一界的人,活得下去,做得了人?公教人员靠俸给过活。今天的公教人员,尽一月的收入不足供半月的开支。他们真是"仰不足以事父母,俯不足以畜妻子"。今天的公教人员,竟是寒无衣,饥无食,疾病无以医治,死亡无以葬埋。这是怎样的一个绝境!今天中国的农村,中央征兵征实,地方勒捐勒税,绑捉壮丁,竭泽而渔;搜缴实物,杀鹅取卵。少而强者死战场,老而弱者填沟壑。年不荒而饥,岁无灾而馑。鬻妻卖子,买者无人。典田当地,受者无主。倾家则无家可倾,破产则无产可破。这又是何等的凄惨!今天中国的工商,一方面受美国外货倾销的打击,一方面受本国官僚资本的压迫,再加上通货恶性膨胀,物价猖獗飞腾,已全部陷于倒闭停业境地。实则今天厂家店主,倒闭停业而能安然了事者犹是幸运。实际他们无论厂主与劳工,无论老板与店员,都是一筹莫展,束手待毙,等候着在经济崩溃的洪流中毁灭。这一切都是内战的恩惠。

拿整个的政府财政及社会经济来说,那真是古今中外空前未有的危机。今年政府的预算已公布的数字是九万亿。将来到了年底增加到几倍尚不可知。所谓出入平衡本已谈不到,就拿九万亿数字用四亿五千万人口来分摊,每个老百姓每年平均要负担两万元。这不是古今中外空前未有的负担?国民对国家担负了这样的义务，国家给予人民的幸福是什么？国民每人每年交付两万元的代价，买来的只是内战，是冻饿，是死亡！我们这些话绝对不是过甚其词。在一个月前我们就读到报上登载的消息，上海一个都市在六天以内冻死者五百人，而南京一天冻死者将近百人。全国各都市各乡村冻死饥死者又不知道有若干人。这类事件政府置之不闻不问。今天的中国，人民只有贫穷，冻饿、死亡的极大自由。这样的国家，成什么国家？这样的政府，成什么政府？然而今天的中国还要继续进行内战！

老百姓的情况是这样的凄惨。我们现在又回头来看看国民党的算盘。在政府方面现在有了一篇宪法。现在又高谈要改组政府，要拉拢一两个小党派以成立所谓的新的政府，要用这样一个政府来行所谓的宪政。姑退几步来说，国民党的行宪是有几分诚意，但我们这里必要指出，古今中外的政治历史，绝对没有内战与宪政可以同时并行的前例，绝对没有在一个分裂的国家而可以进行宪政民主的前例。国民党今天这口头上的宪政很明显是一党专政的伪装，希望用此可以取得美国的支持。不过内战延长，则经济必愈困，社会必愈烂，人心必愈离，而前途必定是一个不可收拾之局。到那时国民党的算盘在那里？现在我们又来看看共产党的算盘。在共产党看来，国民党支撑一个千孔百疮的政府，在经济破产崩溃的关头，还要进行内战，其势必愈战愈弱。在最近数月的战争中，共产党的运动战及游击战已经消灭对方六十万以上军队的主力。如此，中共必愈战愈强。待战场取得主动，战争取得优势方可再谈其他。姑又假定这种战场上的打算可以如愿以偿，不过经济果真崩溃，这是整个国家整个人民的痛苦,而当权在位者损失却甚少。到了整个国家溃烂不可收拾之日,或者就是全国各党各派同归于尽之时。兵凶战危,两败俱伤,皮之不存,毛将安附。目前双方必趋于战,是双方都有一个假定,即对方绝对没有合作的诚意。因此不得不战。但双方心里又都明白,姑无论战争的结果如何,任何一方都没有彻底消灭对方的可能,因此双方亦就没有消灭对方的存心。唯其如此,双方的打算,都是战后必和。既然如此,那末双方都认识并且都承认战争不能彻底解决问题。双方都彻底明白今天中国的国际环境亦不容我们长期战争下去。既然如此,故双方迟早必趋于和。在我们民主同盟站在老百姓的立场看来,国共两党的停止内战恢复和平,早则人民的利益大,迟则国家的牺牲多。这些事实,都足以为我们决定时局政策的资料。

四

上面那一段话只就国内情形来检讨当前的政局。今天的世界绝不能抹煞国际形势来谈国内政治。中国今天的处境特别如此。我们不否认,第二次世界大战结束以后,世界和平民主的基础尚未达到坚实巩固。然而这次大战之后,国际间的总形势,由于和平民主力量的增强,总比第一次大战结束后的总形势较好。自德、日投降以后,美、苏剑拔弩张,仿佛第三次世界大战马上就要开始。而中国国内少数好战份子,就天天想运用这第三次大战行即来临的命运做国内党争的赌博资本。在这里,我们不愿亦不必做肯定的预测来制定世界第三次大战的有无。我们却不能否认国际政治是十分现实的。美、苏在欧洲在远东自有两国利害冲突之点，这亦是事实。中国介在美、苏之间，国交应付，甚为艰苦。今天中国对美对苏，既无战争的可能，更无战争的必要。很坦白的说，站在中国的利益立场，我们利于美、苏之合作，而不利于美、苏之冲突。我们更不利于美、苏冲突的地区即在中国。因此，中国倘欲周旋于美、苏之间而维护中国本国之福利，则中国必先自己做到本身是和平统一的国家。如此，纵不能积极促进世界和平，却可消极减少美、苏在远东的磨擦。最低限度，我们不能因为中国的长期内战与分裂，使中国成为世界第三次世界大战的导火线。否则，这不止是中国自身的毁灭，且是世界大战的罪人。

谈到这里，我们对过去一年来中、美的邦交，实亦有坦白检讨的必要。中、美邦交造成今天这个局面，的确是个遗憾。一方面美国政府对中国造成错误的外交政策，另一方面中国自身的内战与分裂，亦有招致他人错误政策的原因。在中国抗战期中以及抗战以后，美国对中国有了许多精神上及物质上的协助，这些我们并不否认，马歇尔元帅来华调停党争，其用意之善，其操心之苦，我们也表示钦佩。然而今天中国人民激起广泛的反美运动，决非无因，这不能不由美国的错误政策负其责任，这是美国的损失，亦确是中国的损失。同时，我们反躬自省，国家自身的内战与分裂亦是招致美国错误政策的原因。唯其中国是个因党争而进行内战的国家，于是美国畏共反苏的外交政策才有凭藉的可能性，唯其中国是个内战分裂的国家，于是政府才有挽留美军驻华的错误举动，于是美国又有美军驻华的错误政策。唯其中国是个内战分裂的国家，而表面平等实际中国吃亏的中、美商约及中、美航约才有签订的机会。今天美国倘欲改善中、美邦交，美国必须彻底认清中国国情，彻底了解中国人民愿望，根据这些资料，从速撤退驻华美军且从速改正对华政策。至于当前美国少数短见人士，竟有扶助日本复兴以支配亚洲局面，这更是为中国畜养敌人，我们愿唤醒美国人士极大注意。然而我们始终没有忘却"人必自侮而后人侮之，国必自伐而后人伐之"的古训。我们必把自己的国家做成和平、统一的国家，而后才有独立自主的外交。

中国与一切友邦国交的改善，一方面靠自己的和平、统一，一方面亦靠国际局势的改善。根据最近国际局势的发展，我们又认定世界并不如以往一般人估计的那样恶劣。资本主义与社会主义对峙，两者绝不能容忍妥协，这或者只是少数人神经过敏的主观愿望，且有存心挑拨之嫌，决不能用来做判定世界前途发展的条件。我们以为人类是进步的，是向着和平与民主方向进步。从最近联合国及四强国外长会议的情形看来，美、苏的关系是在改进，矛盾冲突是在减少。国际裁减军备方案，既能通过，那末世界是在和平方向求安定。果然如此，今后国际局势以及美、苏的政策，或者都不能坐视中国长期内战永久分裂以影响远东的安全。美、苏对德和约，不久当可满意解决。他们的注意力不久必定会转移到对日和约问题。这只有短短的几个月的时间了。倘那时中国还在内战，还是分裂，那末中国在对日的和约会议席上，必受到不可估计的损失。不止如此，那时美、苏如要共同安定远东以奠定世界和平，甚至对中国问题越俎代谋，共求解决，那末中国以五强之一的资格，便成为国际上俯首听命的三等国四等国了。这些估计，这些预测，都可供我们民主同盟决定当前政策的参考。

五

到这里，我们对去年这一年来广大群众，特别是青年学生的和平与民主运动亦应该做一个总检讨。我们要看看风是向那一方面吹，潮是向那一方面来，而人民的愿望是向那一方面转。在去年一月间政协正在进行的时候，突然间协商发生了僵局，重庆各大学的青年就有向政协游行请愿的行动。他们的口号是"只许成功，不许失败"。后来全国青年一致响应那个运动。人民要求各党派，应放弃党派的私利，站在国家的立场彼此容忍，退让。一月底政协闭幕了，政协决议公布了，于是全国的广大群众又纷纷在各地举行庆祝政协成功大会。这证明政协决议确已为全国人民所赞同，所接受，所拥护。国民党少数反动份子畏惧政协的成功，于是迁怒到重庆较场口的庆祝大会，于是发动他们捣乱会场的暴行，我们民盟执委李公朴先生就在那个庆祝会里受到了无端的侮辱，为和平民主而流血。

从较场口的案件起，去年这一年，在群众运动中，是民主与反民主两种力量的斗争年。民主人士因为拥护政协，争取和平与统一，有了许多轰轰烈烈慷慨激昂的牺牲，而反动份子亦暴露了他们卑劣无耻穷凶极恶的真面孔。在这些斗争中，我们民盟交付的代价的确很大。我们民盟在西安的《秦风日报》被捣毁了。我们的同志王仁被诬陷而冤杀了。我们的李敷仁同志被绑架枪杀，于死里逃生的情况下脱走到了延安。这里，我们更不能不想起去年七月血染昆明的故事。我们同志李公朴先生于七月十一日被反动份子狙击暗杀了！我们同志闻一多先生于七月十五日被中央警备司令部的军官狙击暗杀了！我们更不要忘记李闻两先烈的遗言，他们准备了“为民主而死”，他们“前足跨出门，后足就不准备跨回来”！这是多么英勇，多么壮烈，多么伟大的精神。的确，民主的斗士，一个倒下去，千万个起来了！从昆明惨案后的民主运动是风起潮涌般的普遍到了全国了！

同时去年一年中反动份子摧残压迫民主力量的案件实亦举不胜举。他们摧残言论自由的手段，更变本加厉。他们在广州捣毁了许多书店，查禁了许多刊物。他们在北平禁了大批的书报与刊物。他们在四川一次封闭了八十种以上的刊物，在昆明一次封闭了四十种以上的刊物。他们在上海、汉口、桂林以及其他等等地域都是用集体屠戮的方式摧毁言论出版自由。尽管他们用雷霆万钧的气力卑鄙无耻的手段，依然不能阻碍和平与民主运动的发展。去年七月间上海市工商界晋京请愿的和平运动，游行者在十万人以上。最近因强奸女生而引起的反对美军驻华运动，普遍到了全国每个都市，每个学校。这种运动的意义十分明显，这不是单纯的反美运动，而是中国人民警告美国离开中国内战的漩涡，而是中国人民反对内战，争取和平的群众大运动！这种运动才是中国和平民主的真基础！这真是中国和平与民主前途的曙光！

六

根据上面这些分析，我们现在来讨论民主同盟对当前时局应采取的政策。千言万语,民主同盟今天应坚持我们一贯的主张:反对内战,恢复和平。有了和平,国家才有出路,人民才有活路。怎样才能得到和平,这是当前一个问题。要恢复和平,当然要从恢复和谈入手。即就恢复和谈一点来说,我们亦认定今天的环境已不若去年一月十号前那般简单了。目前政府口口声声说要和平,说要恢复和谈。政府果真要和平,而这种和平口号的确不是和平攻势,那末应该自动的先切实做几件事,以变换当前的环境,以增加各在野党派对政府的信心。这几件事亦可说是恢复和谈的先决条件。第一,政府应首先切实保障人民的自由。政府今天不是天天在用实行宪政做号召吗?宪政的第一步工作,就是尊重人权,保障人民的自由。尊重人权是任何稍知自尊自重的政府的责任。今天政府与其高谈实行所谓的新宪法,毋宁先把举世皆知的四项诺言兑现更能收服人心。行动说得比言词更响亮。在尊重人权,保障自由上,希望政府就切实做几件具体的事给老百姓看看。这就是今天的政府将来能否实行宪政的一个考验。起码政府今天应该让老百姓有集会、言论、出版几类自由。政府取消检查制度,却换一种花样,对出版印刷业的厂家或业主加以威迫利诱的手段,其行为较公开检查制度更毒辣。这类举动应立即制止。这不过是一个例子而已。第二,政府应首先终止一切长期战争的准备。这里我们是指征兵征实这些事件说的。一方面积极备战,做长期战争的准备,一方面喊恢复和谈的口号,对方总要怀疑政府是在发动一个和平攻势。在这种心理环境之下,和谈永远不会实现。平心而论,今天既然没有了对外战事,征兵征实一切措施都是违法扰民的行为,愈早停止愈是人民的福利。在这里我们认为在中共方面亦应停止所谓的全面动员,以安定社会人心,亦所以表示中共愿意和谈的诚意。第三,政府应切实承认并且尊重党派平等合法的地位。这本来是四项诺言之一,政府有兑现的责任。譬如私人友谊,起码亦要尊重对方的人格,而后才有友谊可谈。党与党的关系更是如此。就拿我们民主同盟来说,去年政协以后,我们重要的领导人被暗杀,被绑架,被侮辱,重要的刊物被捣毁查封,直到今天,我们还有领导人无端被监视,盟员无端被逮捕,却还要我们参加党派和谈,这种矛盾行为恐政府亦难自圆其说。真要做到党派竭诚合作,今天的特务制度非取消不可。政府对在野党派的平等合法地位非严格尊重保障不可。这些都是恢复和谈的先决条件。要和谈成功,必先使各党派有心平气和的心理。政府一转念之间,只要放弃武力统一及一党专制的观念而诚心诚意力求各党派合作,这些先决条件都可做到。有了这几个先决条件,我们又进一步来提出同盟的几个建议:

第一,努力促成和谈。民盟既然反对内战,争取和平,那末努力促成和谈是我们的责任。民盟去年拒绝参加国民大会,理由之一就是保存我们独立的立场,公允的态度,以便在恢复和谈上有所努力。今天无论有什么困难或者什么牺牲,今天国共两党愿不愿恢复和谈,我们都不应计较,不能用这种观点来决定我们的行止。民盟只能站在老百姓的立场,做老百姓要我们去做的工作。今天中国个个老百姓要生存、要和平,怕内战、怕分裂。我们就应依据老百姓的愿望而努力。因为民盟要促成和谈,那末当前政治上任何足以阻碍恢复和谈的事件我们要反对。例如政府片面召开国大是和谈的障碍,我们就拒绝参加。目前政府又进行拉拢一二小党派以改组政府,这是彻底封锁和谈之门的政策。民盟不止对这种改组的政府应严词拒绝参加,且对政府这种计划应加以坚决的反对。目前政府的宣传,所谓“一面改组政府,一面促成和谈”或“改组政府以后再谋恢复和谈”,这都是长期内战永久分裂的打算,我们都坚决反对。反之,凡有助于恢复和谈的积极的工作,我们民盟都愿努力担负责任。

第二,从新举行政治协商。目前共产党主张召集党派会议,而国民党的孙科先生又主张召集党派圆桌会议,对这两种和谈方式,民盟没有成见。用党派和平协商的方式,以解决党争,进而解决国是,这是民盟历年来一贯的主张。对这种主张,我们绝不变更。去年政治协商会议本身是成功的。所以政协的精神与传统值得保存与尊重。其次,今后的政治协商还要加上这样几个条件:(甲)政协既然是各党派的协商机关,政协的权力必定高于参加的党派。凡政协已经取得一致的决议,任何党派事后不得有片面否认与推翻的行为;(乙)政协有权力商讨全国政治、军事、经济等等全盘问题。政协目的既是解决国是,而国家的一切问题都有连带的关系,就应在政协中全盘商讨解决。去年政协将政治与军事问题划分解决,又讨论中央政治机构而不讨论地方政治机构,这都是错误。这都隐藏了后患。今后的政协必纠正这些错误。

第三,实行以往的政协决议。我们民盟这里要特别声明,我们赞成从新召开政治协商,这并不是承认将以往的政协决议,全盘推翻。以往的政协决议,依然有法律的效力。参加政协各党派依然有遵守与执行那些决议的义务。倘因环境变迁,政协决议有修改与补充之必要,这原则我们赞同,这亦就是从新召开政治协商的作用。至于民国三十五年一月政协会议的决议,那是中国的大宪章,那绝对不容任何方面片面加以撕毁。我们认定各党派共同签定的契约,必须共信共守,单方面绝对不能废弃。假使这个原则不能建立,那末今后的党派会议或党派圆桌会议,谁又能担保其会后必能生效?国家要实现宪政与民主,就必首先奠定守约守法的基础。国民党今天虽然是个执政党,但掌握政权者并没有单方面破坏己身所签订之契约的特权。英国大宪章亦不过是十三世纪一部份封建王侯与英王签定的一种契约。约翰皇帝本人及此后三四百年的英王,都曾一再毁约。这并不能撕毁大宪章。英国人有几百年的奋斗,一再迫使历代英王遵守大宪章,其目的不在宪章的内容,而在使当权者对自身签订的契约履行遵约守法的义务。今天英国的宪政民主基础,就建筑在这个精神上。今天民盟坚决维护政协决议,目的亦在这里。民主同盟争宪政争民主,我们就愿从维护政协决议做起。至于参加协议者,用"执行政协决议"的口号,以掩饰单方面破坏政协的行为,这是欺人的宣传。对契约的共守共信这点法治精神,我们决对不能退让,更不能妥协!

第四,成立联合政府。政协重要决议之一为成立各党派的联合政府。今天唯一切实可行的方案,依然只有这条道路。我们所谓的联合政府,不是拉拢某些党派,排除某些党派的假联合政府。我们主张的是举国一致各党各派都能平等参加的联合政府。盖非如此,不能停止中国的内战,恢复中国的和平。只有这样的政府，才能达到“政治民主化，军队国家化”的目的。并且我们所谓的联合政府，是指中央及地方政治机构说的。谈政治必顾到现实。今天国共两方有许多争持不决的地区，这是内战不能停止的原因之一。只有用地方联合政府做过渡办法，才能解决这些现实问题，才能达到国家真和平真统一的目的。

最后，我们要说明，上面这几条建议的确不是什么新奇的方案。不过我们要知道今天中国政治上所有的问题亦不是什么新奇的问题。依然是党派的武力战争，依然是残酷的内战。国家与人民所急切需要的依然是和平，和平，和平！当前国家虽然没有新的问题，但这几天却有了一个新的形势，那就是美国调人马歇尔元帅的离开中国。马歇尔元帅在一年前来到中国，是为调解中国的党争而来的。今天马歇尔元帅却未能完成他的任务而去，今后中国的问题，应该由中国人自身来解决，中国人有解决中国问题的责任。中国人可以解决中国问题，中国人应该有这种信心。我们民主同盟更应该有这种信心。中国民主同盟从成立之日起就担负了一个历史的使命，那就是争取中国的和平、团结、统一、民主。我们就应把握住这个时机，以完成这个使命。我们的前途只有成功，不会失败！

中国民主同盟主席张澜
在一届二中全会闭幕式上的闭幕词

（一九四七年一月十日）

各位同志：

今天我们的二中全会，是圆满闭幕了。这次全会，收到各地方组织的建议案及各中委的提案，共有八十余件。因为会前开了很多次预备会，把所有案件，都经过一番分类整理工作，在分组审查时，又相当周密，所以节省了大会时间，能在预定时期内解决了很多重要的问题。

在大会中听到华北、东北、西北、南方等总支部，以及四川、云南、重庆、湖北、南京、上海、港九等支部负责同志的盟务报告，交换了许多针对现实的宝贵经验与教训，以为整理盟务的依据。又决定今后入盟以个人身份参加，并议定第二届全国代表大会的召集时期，政治计划委员会的组织办法，使盟务的开展，更进了一步。此外通过全会的政治报告，指示了我们今后对国事努力的方针。这些，都是这次全会许多重要议案中甚为珍贵的收获。

各位同志从预备会起，始终精神一贯，在检讨工作及讨论提案时,虽各有不同的意见,而确确实实能和衷共济,表现出民主的风范,这是最值得引为欣慰的。

许多案件,是决议了。剩下只是做的问题。第二届全代会,距今不到半年,那时我们将再作总的检讨。这希望各位同志,尤其是在各地方负责的同志,特别注意和努力,希望在那时能够向全代会做很切实的报告,以显示出这一届有更好的成绩。

今天是一月十日,是去年政协开幕的日期。这一年中,我们为和平、团结、民主而努力的经过,在大会政治报告中,已有很详尽的说明。但今天和平、团结、民主,仍然是水月镜花,毫无着落。我们恰巧在今天这个饶有意义的日期,完成我们的全会,这是值得我们提醒警觉性的。我们为全中国人民争和平、团结、民主,我们负着为全中国人民谋福利的历史使命,要完成这个任务,我们就要从今天起,一定要把已被蹂躏的政协精神,使他复活,我们决继续为政协精神而奋斗,这是我们同志间的唯一责任和努力方向!

中国民主同盟一届二中全会重要决议案

（一九四七年一月十日一届二中全会通过）

关于目前应采取的政治主张及行动的决议案

一、基本口号

1. 确定和平统一、民主为目前基本口号。

2. 确认国家独立为一切号召的基础。

3. 确立造成现代化的进步国家为一切号召的最后目标。

二、具体主张

1. 彻底反对内战。

2. 重新举行政治协商。

3. 成立全国一致的联合政府。

三、应采作风

1. 加强独立性，力戒依傍追随。

2. 表现主动性，力戒等待观望。

3. 发扬积极性，力戒徘徊动摇。

四、对于政协的态度

1. 保护政协道路，重视政协精神，发扬政协传统。

2. 对于政协通过的和平建国纲领及各项决议,在未经协商改订之前仍当坚决予以拥护。

五、关于国大与其宪法的看法

1. 明揭十一月十五日国大的非统一性与不合政协决议。

2. 强调守法习惯重于宪草条文。

3. 确定国大与宪法为将来新协商或党派会议应予商讨的议题之一。

六、与其他党派关系

1. 扩大民主战线与一切真正民主党派与人士,取得最密切的联系与工作上最适当的配合。

2. 继续推进与国共两党的合作,以实现全国的团结。

3. 暂不吸收团体入盟,唯各民主团体中之主要份子应尽量延揽。

七、对美政策

1. 反对近来美国一切有碍我国家独立与世界和平的政策与行为。

2. 联络美国一切有志推进民主与世界和平的人士和组织,以期促成全世界和平民主与人类的自由平等。

关于现况下的组织原则的决议案

1. 上层争取公开合法,下层采取秘密活动。

说明:本盟自参加政协,奔走和平团结,事实上已取得公开合法地位,自不应轻于放弃。唯在国民党单独召开国大以后,环境压力将益加重,为防止再有西安、昆明惨案,成都、下关血案之发生，上层一切活动现应采取秘密方式。

2. 宣传争取合法公开，组织保持秘密方式。

说明：有社会名望并已公开的盟员，使其尽量从事一般的宣传号召；有组织经验而未公开的盟员，使其完全负担实际的组织工作。

3. 简化总部，侧重地方。

说明：在今后政治恶化，人财不足的情形下，应尽量使各地方组织（省市支部）适应当地实际情形，充分发挥创造精神，独立的执行工作与计划工作。总部乃至区总支部，除作一般大原则的决定外，应尽量的对外多起宣传与联络的作用，对内多负联系与指导的作用。

4. 提高盟员的素质扩大盟员的群众性活动。

说明：本盟除海外区及解放区以外，在国民党统治区域内，既经难普遍发展，亦宜重质不重量，现应吸取优秀人才，培为基本干部，以推动其各能运用社会关系深入群众，扩大政治影响，推进民主运动。

关于废除《调整盟内党派问题施行办法》决议案

本盟今后既以个人为参加单位，关于盟内党派问题已不存在，应将《调整盟内党派问题施行办法》予以废止。

中国民主同盟政治计划委员会组织章程

（一九四七年一月十日一届二中全会通过）

第一条　本同盟为求民主运动之开展及政治之革新起见，特设各地组织政治计划委员会(以下简称本委员会)。

第二条　本委员会设委员若干人，由中央常务委员会(以下简称中常会)选聘之。

本委员会设召集人二人，负召集开会及联络各专门委员会之责，其人选由委员中互推之。

第三条　本委员会设各种专门委员会，其人选由各委员自认之。各专门委员会各设召集人一人，负召集开会及联络各委员之责，其人选由各该委员会委员中互推之。

第四条　本委员会设总干事一人，干事四人，组织干事会，协助本委员会及各专门委员会办理日常事务，其人选由本委员会召集人商请中常会选聘之。

第五条　本委员会之计划工作如下：

1. 关于政治法律外交之改进事宜。

2. 关于财政经济之革新事宜。

3. 关于土地之改革事宜。

4. 关于文化教育之推进事宜。

5. 关于妇女工作之促进事宜。

6. 其他。

第六条　本委员会及各专门委员会每月开会一次,必要时得召集临时会。

第七条　本委员会讨论各项问题如有与总部各会处有关者,应先函邀各会处派员出席,参加讨论,并将结论报告中常会。

第八条　本委员会办事细则另订之。

第九条　本规程经本委员会暨中常会通过后实施。

中国民主同盟对马歇尔离华声明发表书面意见

（一九四七年一月十三日）

马歇尔元帅的离华声明，他自己就说是“坦白无讳”的报告，读了全文之后，我们亦感觉马帅备是坦白勤恳的一位政治家。他用这种坦白的态度批评中国政治，仍不失为中国的一位挚友。至谈到声明内容，有些部份确有他独到之处，有些部份，我们亦坦白表示不能苟同。例如他说：“国民党统治下之训政时期，已告结束”，这与事实决不相符。马帅留华有一年之久，竟有这类与事实相违背的报告，我们甚表诧异。至于马帅谈到中国宪法与联合政府等等，马帅颇赞许，其实国民党此种做法与政协精神，根本违背。政协决议是各党共守共信之契约，国民党不顾一切片面执行，这种政策一定使中国继续内战与分裂。马帅未能窥破，我们深为惋惜，一年来马帅调解工作失败，实由于美国对华政策本身原有矛盾冲突之处。马帅为一位伟大而有经验、有眼光的政治家，我们希望其能依据所知之中国人民真正愿望，对今后美国之对华政策多所修正，使中国能得到真正之和平，不至为世界和平之危机，则马帅造福于人类不浅矣。

中国民主同盟中央组织委员会
关于扩大加强组织推进民主运动通知

（一九四七年二月十日）

各级组织同志们：

关于本盟如何扩大加强组织及如何推进民主运动，二中全会有如下的决议：

甲、本同盟组织性质为团结社会各阶层民主分子，努力实现民主之非武装政治集团，一切活动争取公开之原则进行。

乙、本同盟盟员均以个人身份参加，有绝对遵守本同盟纲领及决议之义务。

丙、本同盟为谋发展组织，扩大与加强民主运动，今后组织活动应深入各职业各阶层中吸收其优秀分子，培养中坚干部，就其职业阶层所属发展组织，以建立广大群众基础，并同时注意主动的争取国内各界及海外侨胞的开明民主领袖人士参加本盟，借以加强号召，扩大影响。

中央组织委员会，根据这个决议，提出下列补充说明的意见：

1. 对于（甲）项和（丙）项，我们认为同盟的社会基础，虽非代表某一阶级或某一阶层的政治集团，而为代表各阶级或各阶层的民主联盟。但在目前民盟绝对应排斥一切贪官污吏,买办豪绅,封建大地主阶级分子,在今日也不可能以工农为其主要的社会基础。因此,民盟主要所代表的应该是中国最广大的中间层的利益。而必须是团结广大的中间层为其自己的中心领导的力量。所谓中间层,具体的说城市小资产阶级——中小工商业家、中小商店、作坊、店员、大学教授、中小学教员、学生、自由职业者、中小公务人员、民族资本家(与买办资本无关的)、中小地主及农民等。因此,同盟在组织上首先必须广泛而又深入这些中间层里去,把所有优秀分子吸收到组织内来。同时应该按照他们各种职业,按照他们的生活岗位,按照他们的需要,按照各个地方的条件环境,在争取民主的大原则之下,组织各种不同形式,不同性质的群众性的团体,团结在我们的周围。这里,尤其是要如(丙)项决议中所指出"并同时注意主动的争取国内各界及海外侨胞的开明民主领袖人士参加本盟"。我们要了解:在这些中间层的分子中,一个有声望有信仰的公正的民主领袖(这些人在今天对于当前的腐败政治,无不怀抱着或多或少的不满情绪)起有重大的号召与影响作用。我们一定要以尊敬的态度,和平谦虚的作风,欢迎他们到组织内来,并提高他们在群众中的威望。这样对于本盟组织的扩大和政治影响是具有无比的作用的。关于上面的意见,希望各级组织和每个同志详细的讨论、研究,提出具体的工作上的实际计划来,是第一等的重要事情。

其次关于"武装"及"争取公开"问题,我们认为在民主国家的政党,本不应有武力,中国目前还是不民主,而且国民党以武力维护其政权,因此造成在野党亦以武力自卫,形成了国共两党武力对峙的内战分裂局面。民盟自有组织的开始,就主张"政治民主化,军队国家化",如果政治上消灭了一党的武力独裁,两党军队就应一齐还给国家。现在只要在朝党放弃一党专政。成立举国一致的联合政府,实施整军方案就能达到军队国家化。说到同盟的"争取公开",这在原则上本是毫无问题的。国内民盟是已为政府所承认的公开合法的地位。把我们的主张和组织尽量的在人民面前摆出来,让人民来选择、批评或拥护。但是,在目前,我们必须注意,在当前环境中,国民党在表面上虽然不得不承认各党派平等合法公开,虽然甚至还要拉拢一两个其他反民主的小党派为"友党",但国民党的反动分子对于真正争取民主的党派,是无时无刻不想予以打击的。民盟过去所受国民党反动派特务的血的教训是太多了。因此,我们的意见,在今后,在政治主张上,我们应该尽量"争取公开"。而在组织上,我们应该更提高警惕,绝对防止不必要的暴露,这是非常必要的。但这与决议案中的,争取公开的原则,是不是有违反呢?完全不是的,恰恰相反,因为在目前与今后的政治条件下,我们只有在绝对小心谨慎原则下,扩大与加强我们的组织的力量,才能谈到争取公开。否则一个暴露松懈的组织,一经打击,便什么都会瓦解的。今后还是民主与反民主的斗争漫长的道路,我们希望各级组织和每一个同志要了解决议中的"争取公开"这个原则的真正意义,是非常重要的。

2. 对于(乙)项的决议,我们也有说明的必要。这项决议是指明了本盟在组织上更发展到了一个新阶段。如果说本盟的组织最初是建筑在各小政团的联合的基础上,其次是建筑在以政团为主、个人盟员为副的基础上,那末在这次二中全会以后,本盟的基础是已完全建筑在广大的社会群众基础上了，这是本盟发展的过程中一个必然发展的阶段。这个新阶段的形成原因，第一是因为民主与反民主的斗争向前推进，过去有些投机取巧的小政团——青年党、民社党——离开了民主阵线从盟内退出；二是因为本盟近年来国内外各地大批无党无派的中间层的优秀的进步分子不断的涌入盟内，占了全体盟员的百分之九十，而党派盟员的成份，则仅占百分之十。（今后这个趋势将更加大）由于这个组织上质的根本变化，同盟为了今后在组织上，在政治主张上更发挥它的完全的独立性，自由性，民主性，更广泛的团结广大的中间层自由民主分子到组织内来，这一个决议无疑的是非常正确而又十分必然的。但是这个决议并不是拒绝民主政团的分子参加。相反的，我们今后更是十分欢迎一切民主政团的分子，尤其他们的领袖人物参加的，主要的只要他们"遵守本盟纲领及决议"，在组织和政治思想上他们只有服从同盟的义务，而没有别种的权利。同志们，这是我们的组织上的发展的新阶段，这是说明了我们同盟在广大的群众中已有了深厚的基础。青年党和民社党的退出，只是证明了组织的向前扩大，国民党内顽固份子乃至一切反动派，曾经幻想民、青的退出乃为同盟基础的动摇，真是白费精神了。同志们，让我们在这个新的发展阶段中加倍的努力工作吧！

中央组织委员会，把对于二中全会的这个决议，向各级组织及每个同志补充说明了以上的意见。希望各级组织接到这个文件后，立刻交到各小组上去展开讨论，并就各项的决议列成具体的工作计划出来。

中国民主同盟对上海抛球场血案表示抗议

（一九四七年二月十一日）

民主同盟对二月九日本市抛球场惨无人道之血案，表示万分愤慨。上海为国际人士汇集之地，离开南京首都相近咫尺，而数百暴徒竟敢在光天化日之下，聚众持械，公然侵入人民合法集会之场所，为有组织有计划之殴打凶杀行为，且当场遭逮捕者为数十位被打受伤之人士，而行凶杀人之暴徒，反可结队呼啸以去。此种事件具有背景，实昭然若揭。后来全国各地都先后继续发生暴徒聚众行凶事件，重庆一地，短期内发生殴打学生事件两次，受伤者数十人之多；北平各学校最近又风声鹤唳，学生随时有被打被杀之恐怖。此种情况令人相信现实政治上对人民压迫摧残有全盘之计划。似此情形，人民生命之保障何在，身体之自由何在？政治成何政治？国家成何国家？至于上海抛球场血案集会者为商店职工，其目的在提倡国货，抵制美货，在今天经济崩溃关头，人民提倡推广国货，少用外货，绝对是爱国行为，政府不但不应压迫，且应加以鼓励。即抵制美货一层，一方面固由最近美军暴行有所刺激，一方面亦人民对政府摧残民营工业造成外货倾销局面之反感，政府更应反躬自省，以慰民望。不此之图，反纵暴徒行凶打人，造成恐怖局面，以压迫人民，此种无法无天之政治，不知政府当局将何以自解于实施宪政之宣传。民盟对此事件不忍坐视，除向受殴身亡之梁仁达君家属及其他无辜受伤人士表示慰问外，并向政府提出严重抗议。希望政府一方面制止全国之恐怖压迫，一方面严饬出事地点之负责当局，对血案彻底办到惩凶抚恤等事件以息民愤，而重人权。

中国民主同盟代表罗隆基为受委保管中共代表团京沪渝蓉昆等处遗留财产紧急声明

（一九四七年三月六日）

兹以中国共产党各地代表及工作人员撤退在即，所有遗留上开各地之房屋物资器材及交通工具，悉委托本同盟全权保管，业于三月五日签订契约，先将南京各种财产造册点收，并请林秉奇律师作证，除分函政府各有关机关备查外，特此登报声明如上。

附录

中共代表王炳南为委托民盟保管京沪渝蓉昆等处遗留财产紧急声明

（一九四七年三月六日）

本党在上开各地代表及工作人员，因政府限令撤退，所余联络机关报馆及分销处之房屋物资器材及交通工具，悉数委托中国民主同盟全权保管，业于三月五日签订契约，先将南京各种财产造册点交，并请林秉奇律师作证，除分函政府各有关机关外，特此登报声明如上。

中国民主同盟为和谈正式破裂发表宣言

（一九四七年三月八日）

三月一日政府令京沪渝等地中共办事人员限期一律撤退，从国共战事发生以来，双方不绝如缕之和平希望，至此遂演成正式破裂。

我中国民主同盟，自始即以和平民主统一为唯一之奋斗目标。自三十四年日寇投降，国共纠纷旋起，同人即于是年十一月十一日，开始为直接调解双方纠纷之工作，三十五年一月乃有政协会之各种决议，二月乃有整军复员方案之双方签订。墨迹未干，战事忽生，民盟同人在此一年间为奔走和平，不遗余力，因而曾遭遇不能忍受之毁谤，与无法抵抗之高压，至于殴辱，至于残杀，而不惧，而不悔，无他，在求实现和平、民主、统一，以救吾国，以救吾民耳。不幸今日国共两党，终于正式宣告和平破裂，痛心！痛心！

然同人仍欲向作战当局进吾逆耳之言。我中华民国一线仅存之命运，实在不堪再破坏，我人民遭受征兵、征粮、增税、派款，直接间接种种之痛苦，实在不能再忍耐。同人大都处于国民政府管区内，凡此惨象，不仅耳闻，乃至目睹。意者中共解放区内之民众痛苦,当亦不免。同人深信内战一日不停,即生产一日无法恢复,即通货膨胀一日无法制止,即全社会之倾向经济崩溃一日无法挽回。农不能生活于乡村,工商亦困顿于城市,大难将临,人人危栗。虽政治上小小补苴,其源未清,于事何济。作战当局非无乐于言和之时,但一至战局稍见有利,立即设词拒绝和谈,此为同人十三个月以来,参加奔走调解所得至亲切之经验。须知不论谁胜谁败,所屠杀者都是中国之人民,所断丧者都是中国之元气。苟无民,何有国,首无民,又无国,何有党。

其次,同人所欲言者,双方战场之士兵,其遭受飞机大炮屠杀之惨,固已极矣,而被祸尤惨者,乃是战区之民众。同人不断地接到身在战区者之函告,或来自战区者之面告,甲来乙去,则杀害其他方民众之有从乙嫌疑者,迨甲去乙来,则又杀害其有从甲嫌疑者。苟有所从,一遇其所不从者,颇难幸免,两无所从,则对任何一方之来,亦多殃及。壮丁悉被抽走,自赎必须缴费。总之,人人一条死路而已。我盟同人,闻此等惨痛之陈诉,深表同情,只有恳切陈词以告作战当局日:诸公乎,亦肯为中华优秀之民族稍留噍类乎?

复次,同人所尤欲言者,今中共人员已依限期撤退矣。从此国内战祸势必扩大,双方仇恨因以加深,而非战区之人民恐不免遭受株连诬陷之悲剧。近日以来,道路纷传,怵目惊心。此则同人愿本尊敬中央政府之心,直率为中央政府忠告,希望切实保障人权,即使此人而确为共产党也,亦不应故加迫害,苟非共产党而仅以其人为政府所不满意也或常发为不满政府之言论,而并未有实际妨害社会秩序之行为也,则更不宜强冠以共产党之名,而加之以迫害。人权保障之说，苟欲自厕于民主国家之林者，应无从加以否认。即退一步言，我杀尔一人，尔杀我十人以报之，我更杀尔百人以报之，二十年来，各恣意杀其异党者亦已多矣。而彼此曾觉异党减少否？恐反见增多耳，此则切愿双方当局，放大眼光以看局势，放宽尺度以容敌对。吾人亦知高级当局，未必不明了此义，尚望采有效方法，告诫部属，勿复恣意为之。在此转变关头，我民盟同人，宁蒙大嫌，受大疑，不忍不为全国各地千百万优秀青年请命。

各地青年如对当前政象有所不满，本其热烈而诚恳之情怀，集会结社，发为言论，或着为文章，此乃青年爱国心之自然流露。所在当局诚贤明者，应当虚怀反省，予以容纳，至少不应加以禁止。同人尤切望此时战区以外仅有之安全区域，不宜横施高压，以激起人民反抗，以招致社会骚动，以破坏生活秩序，以重苦吾民。古训有云："民犹水也，水可载舟，亦可覆舟"，当局诸公，其三思此义乎？

我同盟同人更愿坦白以告天下者，吾人站在和平民主统一之立场，固与共产党为友，然亦同为国民党之友也。至于同人不参加国大与政府，乃为恪守政协精神，以祈达成和平民主统一之实现。吾人可以一生不参加政府，吾人不能一日而忘国家。国共调解工作，虽已宣告失败，同人仍当日日怀念吾天职之所在，吾舌尚存，必发为言论，吾笔未秃，必写为文章。吾人有"富贵不淫，威武不屈"之定力，实本吾人有"苟利于国死生以之"之决心，如定欲横加诬陷，甚而迫害之，则眼前之刀锯斧钥，决不苟避倖免，将来之是非黑白，天下自有公评。

吾人终信我中华民族之聪明,作战当局一时之意气,不致成为永久之固执,会有一日诉之理智,恍然于败固不了,胜亦不了,结果且归于两败,乃各动念放下屠刀。此时同人仍愿为恢复和平而努力,吾人终信世界大势,在大战初了,必不容许复有大战,则必不容许中国之国共问题,扰及东亚和平,乃至扰及世界和平。中国人不自了,势将为有关各友邦所不许坐视,亦不能坐视。吾民盟同人之主张,苟以不干涉中国内政为出发点,而善意调解我内战纠纷者,一国来,欢迎之,数国来,同样欢迎之。苟非善意,乃至有损中国主权者,一国来,反对之,数国来,亦同样反对之。我民盟同人所欲为国际公告者,在中国四万万人中,除极少数好战分子以外,其明了世界大势,爱好和平,爱好民主,决不后于其他国之国民,我民盟同人更愿为中国与世界之和平民主,奋斗到底!

中国民主同盟代表与各民主人士对莫斯科会议发表意见

（一九四七年三月十二日）

美苏英法四国外长会议，已于三月十日在莫斯科开幕。这一会议虽以讨论德奥和约问题为主，但亦可能正式或非正式地讨论到中国问题，对于今后中国政治的发展可能发生重大的影响。中国最有力量的国共两党，对于这一点已经各自表明他们的态度。我们站在人民的立场上，为着人民的利益和国家的前途，亦不能不坦白明确地表示我们对于这一会议的意见和期望。

首先，我们承认中国和平与世界和平具有密切的不可分离的关系，中国内战已因国共和谈正式破裂必将更加扩大残酷，如果继续进行下去，难免要危害整个世界的和平。同时我们亦愿对全世界人士声明：中国人民除了极少数的好战分子，几乎可以说一致反对内战，自从抗日战争结束以来，中国人民便积极地不断进行反内战的和平民主运动，希望用人民自己的力量在国内建设起和平民主的新秩序；一面亦期待各先进民主国家的政府和人民能够对于我们这种运动给予一切可能的协助。我们深知：在整个世界奔向和平民主的时候，在中国亦必须走向和平民主的道路;只有和平民主的中国,才能协助建设和平民主的世界。所以我们的努力,不仅符合中国人民和国家的利益,而且还符合整个世界和平的要求和全世界人民的利益。

一九四五年十一月十五日美国杜鲁门总统发表对华政策的声明,劝告中国“迅速停止内战”,“扩大政府基础”,使各党派都能有“公平而有力的代表”参加。十二月二十七日莫斯科三国外长会议又发表联合公告,希望“有一团结和平民主的中国”出现,力言“国民政府各级机构中民主党派的广泛参与及内部冲突的停止均属必要”,“重申坚持不干涉中国内政事务的政策”。当时中国人民,对于杜鲁门总统及莫斯科三国外长会议这种善意公正的劝告,不但不曾表示过反对,而且还表示过相当满意的欢迎。前年十二月马歇尔将军被派来华调解中国内战,帮助中国内战的双方签订停战协定及整军方案,帮助中国各党派成立政协的五项决议,中国人民还曾经对他个人表示过热烈的欢迎和异常的感谢。这些事实,充分地证明:中国人民决不盲目地拒绝外国的善意公正的调解。但是倘若有人要假借调解之名而行其偏袒之实,帮助中国扩大并延长内战,以增加中国人民的痛苦,损害中国的独立和荣誉,那就必然要遭遇中国人民的极度憎恨和坚强反对。

一年多来美国政府对于中国所进行的事实,根据去年十月十八日美国援助远东民主委员会在纽约所发表的报告,就可以说明了“在战胜日本之后,美国乃训练武装国民党军队”;“除了武装和训练国民党陆军,美国尚训练和武装国民党海军和空军”,从前年九月起到去年六月止,“国民党军队被美军运送到华北、东北”的共有三十七个师，四十七万三千七百人；在前年八九月间，单用飞机便“运送国民党军队十四万名到华北”；据杜鲁门总统的报告，“只就空运四个国民党军的消费已值美金三万万元”；“自从日本投降日起，美国政府已经援助国民党军事财政两项合计美金三十万万元，这笔款多于在大战时援助中国的数目”；另据“一九四六年八月三日美国民族杂志的估计……其总数合计美金四十万万元”；一九四六年六月，美国第七舰队司令柯克上将宣称：“驻华美国海军有海军船只一百三十六艘，海军人员一万五千名，海军陆战队三万五千名，这个数目并不包括海军飞机队、陆军飞机队和地面陆军以及美国军事顾问团的人数”；“青岛事实上已变成美国海军根据地”。单看这些事实，就可以明了美国政府对华政策前后距离相差甚远。中国人民极愿与美国人民保持并增进传统的友谊，亦愿与美国政府密切合作以图增进中美两国的共同利益。正因为这样，所以我们坚决要求美国政府重新改正现行的对华政策。我们认为一切违反中国人民的利益和意志的政策，不论出于一国或数国，都是不友好的对华干涉，都要遭受中国人民的坚强反对。

根据上述的认识和态度，我们希望莫斯科四国外长会议对于中国问题，第一，要一致遵守不干涉中国内政的约束，特别要纠正美国政府一年多来违反这一约束的种种国际行为，首先要督促美国政府立即撤退一切驻华的军队（包括军事顾问团在内）；倘使苏联在大连还有未撤的军队，也要同时撤退。第二，要尊重中国人民的利益和愿望，同情中国人民争取和平民主独立的运动，在包括全国真正的民主统一联合政府成立以来，任何国家都要停止一切财政的、经济的和军事的援助,以免扩大并延长中国内战。我们要对莫斯科四国外长会议严正地声明:倘使你们能根据前年十二月三外长会议的基础,给予我们以善意公正的调解,使中国内战从早结束,中国人民自然不会加以反对;如其不能,那就请你们保持严格中立的态度让我们自己解决自己的问题。

张　澜	马叙伦	罗隆基	马寅初	郭沫若
朱绍文	沈钧儒	鲜特生	谭平山	柳亚子
胡厥文	黄炎培	包达三	王绍鏊	翦伯赞
周谷城	章伯钧	章乃器	施复亮	田　汉
郑振铎	潘震亚	郭春涛	许广平	刘王立明
周建人	郑太朴	彭文应	蔡尚思	张定夫
张志让	陈子展	史　良	沈体兰	邓初民
张志和	楚图南	韩兆鹗	沙千里	胡子婴
丘　哲	罗任一	曹未风	侯外卢	顾仲彝
徐伯昕	吴　泽	杜国庠	杨　晦	陈　径
孙大雨	邱汉生	赵见彬	蔡　仪	何　惧
金遂生				

中国民主同盟代表与各民主人士致莫斯科会议电

（一九四七年三月十二日）

吾人希望参加此次莫斯科会议的各国，第一，能坚守不干涉中国的共同约束，立即撤退在华的一切外国军队。在全国真正民主的统一的联合政府成立以前，停止给予内战的任何一方任何的援助。第二，能根据一九四五年十二月三外长会议对中国问题的协议，尽力促成中国内战早停，实现民主统一。吾人深知此二项为中国人民的真正愿望，甚盼各友邦政府和人民均能协助中国人民，尽速实现此种愿望。

中国民主同盟代表在沪招待记者发表民盟坚守立场对莫斯科外长会议问题及人权保障问题的谈话

（一九四七年三月十七日）

在今天这个紧张严重的时局中，我们愿意郑重说明中国民主同盟在当前环境中的立场，并坦白表示民盟对当前几个重要问题的意见。

中国民主同盟今天绝对坚守在野的和平的公开的民主政团的立场。所谓“在野的”是在中国真正民主统一的联合政府成立以前，民盟绝对不参加政府。所谓“和平的”是民盟绝对不用军队做政治斗争的工具，绝对不从事武力的政治斗争。所谓“公开的”是民盟绝对遵守民主的方式，保持民主的作风，以在野政团的身分，对当权党做负责任的监督与批评。政府一再公开承认党派平等合法的地位，因此，凡平等合法党派所应享的一切政治保障，是我们应有的权利。凡平等合法党派所应负的一切责任，是我们应尽的义务。这一切权利与义务在党派平等的大原则下，应当不能有当权党与在野党的歧视。我们民盟绝对不逃避任何义务，同时亦绝对不放弃任何权利。我们深深知道，在当前中国,争取民主,是艰难困苦的斗争。前途有许多危险。但这是民盟的使命。姑无论时局怎样转变,困难怎样多,危险怎样大,我们的民盟绝不消极,不畏惧,不退缩。我们相信民盟今天所走的路是民主国家中民主政团的正常轨道,这条路的能否走通,正是今天当权党是否信仰民主,是否有实行民主宪法的诚意的一个试验。

其次我们要谈到莫斯科的外长会议问题。在莫斯科外长会议开幕以前,政府曾照会英、美、法、苏四强,反对在外长会议中讨论中国问题,认定没有中国代表出席的会议中讨论中国问题是侵犯中国主权的行为。中国共产党周恩来先生亦一再声明中国问题应由中国人解决。这些道理都是对的,我们表示赞同。不过到了今天,中国各党派都应平心静气,深切反省,列强今天何以要讨论中国问题。假使我们今天不是正在进行可耻的内战,假使我们今天是一个和平统一民主的国家,外人还有过问中国国事的借口吗? 国家要不被人轻视,要避免外人过问内政的唯一方法,是首先停止自相残杀的内战。在二十世纪立国,每个国家对整个世界的安全与和平都负担着责任,国际的安危治乱是相互牵连的,因此一个国家并没有关着大门进行残酷内战的绝对自由。其实,中国的武力党争,早已引起了国际的重视,成了国际上的重要问题。美国马歇尔元帅去年在中国进行了一年的调解内战工作。他的使命就是根据 1945 年 12 月 15 日杜鲁门总统的公告,同时亦是根据 1945 年 12 月 27 日莫斯科三外长的公告。那些公告还说明中国应该成立什么样的政府,但事先都没有征得中国的同意,而中国都处在被动的地位。当时中国政府并未认此为干涉内政而加以拒绝。不只如此,政府且曾在去年六月休战谈判时,主张调解工作美国应有最后决定权,而在商讨改组政府的五人委员会中,政府并且曾邀请美国大使为召集人的主席。我们唯一的遗憾只是马歇尔的调解失败,中国内战没有停止。这说明友邦为着世界的安定与和平进而调解中国的内战,是早经有过的事实。这次苏联外长莫洛托夫在外长会议中提出要重新检讨1945年三外长公告的执行成绩,而公告的重要原则之一,就是列强相约不干涉中国的内政。只要检讨是严格限于公告内容的范围,这正与我们反对国际干涉中国内政之旨相符的,我们就看不出这种检讨是侵犯了中国的主权。

苏联对这种检讨现在决定邀请中国代表出席。这更与五外长声明没有中国代表出席不能讨论中国问题的要求相适应,我们更看不出来中国政府有拒绝的必要。很坦白的说,今天中国人民最大的痛苦是残酷的内战。这种内战又可以影响到远东甚至世界的安全与和平。不幸,今天的内战只有扩大与延长的趋势。绝对没有及早结束的征兆。在停止内战的方法上,我们过去的努力都不幸失败了。国共两党的直接谈判失败了。政治协商会议失败了。中国在野党派及社会贤达的斡旋失败了。美国马歇尔元帅的斡旋亦终归失败了。现在中共代表团又已奉令撤退。蒋主席在三中全会的开幕词中,公开宣布“政治解决确已绝望”这更引起全国人民甚至全世界人士对中国的和平与安定发生疑惧与惶惑。中国老百姓绝对不能在内战中束手待毙。本同盟根据中国人民要求和平民主的愿望,自当仍然努力号召全国人民为实现和平民主而奋斗。同时亦希望国共两党依然保持

“政治解决党争”的初衷，寻求和平的新途径，以救人民于水火，以保持国家的国际地位。否则国家欲免于国际干涉而不可得。对于国际形势来说，我们认为与其因中国问题增加国际间的纠纷，毋宁让美英苏三友邦来共同担负调解中国内战的责任，共同来协助中国人民停止中国的内战，奠定中国的和平；我们敢相信，厌战畏战的中国人民，对这种国际间的善意调解，必不反对。这里，我们对这种愿望，有几点要郑重的解释。第一，我们始终认为调解内战与干涉内政是两件事。三国调解只是美国单独调解的扩大范围。中国过去既可接受美国的单独调解，今天就可接受国际三强的共同调解。第二，中国内战牵涉着国际复杂因素，乃公开的秘密。美国单方面调解失败，此实原因之一。与其让当年西班牙内战惨史重演于中国，倒不如中国争取主动，善为运用国际形势，以图自救。美英苏三国依据1945年12月杜鲁门总统宣言和莫斯科公告原则，进行共同调解或可使国际复杂局面更为简单，或更易收调解之效。第三，美、苏两国间的谅解与合作，关系远东的安定与和平，而中国问题的适当解决，亦为增进美苏谅解与合作条件之一。中国既不愿永远成为美、苏斗争中的焦点，亦不愿成为美、苏斗争中任何一方面工具，于是美、苏共同参加调解中国内战，不仅中国问题获得一劳永逸的解决，即远东及世界问题亦获得一劳永逸的解决。我们这种主张是为中国国家的利益打算，亦为世界的安定与和平打算。我们希望国人及友邦对这种意见加以郑重的考虑。

其次，我们要谈到人民的人权保障问题，最近北平在一夜之间人民遭逮捕者竟达一千以上，青岛一日之间人民遭逮捕者竟达六千以上,这是骇人听闻的事件。这是中华民国有史以来空前的大恐怖。对这种集体逮捕人民的违法行为,我们向政府提出严重的抗议。同时我们对上海市最近人民随时失踪这类事件,亦愿唤起政府注意,应立采有效方法加以制止,并立即恢复失踪者的自由。数月以来政府大肆宣传正在努力从事宪政准备,但摧毁人权、干涉自由的行为,又恰恰与宪政背道而驰。重庆血案,上海血案以后,继之以各地集体逮捕之大恐怖。而人民失却集会结社言论出版邮电通信之自由,情形较抗战时期尤为严重。虽收复不过年余的台湾省亦因政治的压迫,已造成严重惨案,激起广大民变。此真国家的奇辱大耻。倘此即是准备宪政的说明,则将来宪政的意义诚不堪设想。倘认为宪法未实施以前,人权即应失却保障,则人权乃先宪法而存在,人权产生法律,法律不产生人权,国家尽管没有宪法,政府不能因此即有摧毁人权的特权。国家及政府为人民而存在。既是国家,既是政府,即是保障人民生命身体安全的起码责任。任何形式的政府,倘不能保障人民生命身体的安全,不能尊重基本人权,实际他本身已丧失统治人民的威望与信用。这是我们向政府诚恳率直的忠告。

中国民主同盟对时局宣言

（一九四七年四月二十五日）

民主同盟确守一贯主张，认定民主和平团结统一为挽救中国当前危局的唯一途径。这是国共两党及其他党派共同参加之政协一致决定之途径。这亦是中国全体人民一致的要求。站在这样的立场，我们对目前改组后的政府郑重声明这几点。第一，改组的政府不是依据政协程序及精神产生的政府。目前政府改组，虽以政协决议为标榜，但其所采取的步骤与集合的成分，于政协决议根本不符。政协决议最重要的精神是参加政协各党派共同站在平等合法地位组织联合政府以达到团结统一的目的，由是以实现中国之民主宪政。很坦白的说，联合政府的目标是停止国共两党的武力党争，求得国共两党的和平合作。今国共两党正在进行全面猛烈内战，则新政府者，只是扩大分裂而已。这与政协精神根本违背。第二，改组的政府不是促进和平的政府。国民党与民青两党共同宣布以和平建国纲领为施政准绳。此项纲领，开宗明义，提出和平建设四大字，可云深切著明。似此，则内战必停止于新政府成立之前，新政府必组织于和平实现之后。今三党签订纲领，对政治解决中共问题必待铁路交通完全恢复以后,而恢复交通之手段,仍为武力战争,则和平建设,从何谈起。且政治解决乃武力解决的对立名词。政治解决即应立即放弃武力战争。武力战争即已彻底否认政治解决。国民党领导而民青两党参加的政府乃共同负责与共产党作战之政府而已。和平建设,又从何谈起?第三,改组的政府不是实现民主的政府。实现民主,必先结束党治。今国民政府组织法第一条虽已修改,但依然明文规定以训政时期约法为根据,只须约法继续有效,中国即仍为训政局面。姑无论为一党训政或三党训政,既是训政,即未民主。然如新政府完全否认训政时期约法,而新政府之产生又与政协决议根本违背,则新政府之法律基础更成问题。国府组织法并无政府向谁负责的规定,是新政府为一无所负责的政府。似此,则实现民主,又从何说起?综合上列三点,则目前改组之政府实与民主和平团结统一的途径背道而驰。民盟认此为当前国事上极大的遗憾。

从另一方面来说,目前中国为国民党、民社党、青年党三党共同掌握政权的局面,亦为事实。政权是权利,更是责任。政党既已执政,必须为国家解决困难,为人民解除痛苦。民主同盟认为内战一日不停,政治一日无法走上轨道,即人民痛苦无法解除。故停止内战,恢复和平,为今天政府取得人民信赖与拥护的先决条件。此其一。二十世纪的政府,起码条件,必切实保障人权。今后中国人民能否确实享受身体、思想、宗教、言论、出版、集会、结社、居住、迁徙、通讯等自由,仍待当权在位的政党以事实为证明。举例来说,时至今日,一切政治犯即应全体立即释放,而一切无端被封闭查禁之刊物,即应立即准予恢复。这不过小小的例子，这就是今后政府保障人权的一个考验。此其二。政府最大的责任乃在保障人民的生存机会。今天中国人民在经济上已到人人束手待毙的惨境，为举世皆知的事实。农业已频破产，工商已近崩溃，而新政府在此尤不能停止征兵征粮、增捐增税之苛政，尤不能筹谋平定物价之有效措施，为人民解决生活问题，此是促进国运灭亡的政治。三党签订纲领，谓借款须用于稳定与改善人民生活，此系托词。内战不停，则任何借款必直接间接成为国人自相残杀的费用，此理至明。民主同盟一贯主张在内战未停以前，美国不应以债款贷予中国，以增加中国人民的痛苦，而政府亦不应利用外资以事自相屠杀。今后中国老百姓在经济上有无活路，是政府的真实考验。此其三。上面三点，是当前政府最低限度的责任，亦即我们民主同盟今天以诤友地位批评与监督政府的目标。

在新政府成立的今日，民主同盟亦愿就此时机，重新声明我们的立场。从举行政治协商会议之日起，民主同盟即为中国平等合法的政治团体。在过去一年中，我们始终保持着独立的和平的公开的在野政团身分。所谓独立的，乃民盟有自己的主义，自己的政纲，自己的政策。惟其如此，我们的言论与行动，祈求明辨是非曲直，无所谓中立，更绝不偏倚。所谓和平的，乃民盟不培养武力，更不以武力从事政治斗争。所谓公开的乃民盟采民主的作风，用民主的方法，对政府为负责任的批评与监督。民盟过去是这样的立场，今天依然是这样的立场。最近蒋主席间接向民盟表示谓："政府实行民主，不折不扣。"民盟今愿郑重指出，不折不扣的民主，必从尊重人的尊严做起，必从保障神圣不可侵犯的人权做起。不折不扣的民主,当权的政党必尊重在野政党平等合法的地位。民主同盟绝对担负平等合法政团应有的义务,亦绝对争取平等合法政团应享的权利。根据这个原则,我们对政府无端逮捕民盟领袖及盟员如杜斌丞、骆宾基、王菊人等提出严重抗议,并要求政府对被逮捕者立即释放。我们更愿郑重指出,在一个国家,和平的公开的在野政团能否存在,即是政治是否民主的考验。民盟今天不问政治局势怎样转变,我们用合法的手段,争取并维持民盟平等合法的地位。这种决心,永远不变。这就是民盟争取民主不折不扣的态度。

最后,我们要谈到国际形势与国内政治的关系。中国问题,因国际形势的牵连,以致和平不能早日恢复,民主不能早日实现,这是不可掩讳的事实。今天中国可走的道路只有三条:第一,中国人解决中国问题,而后以中国的和平民主促进世界的和平民主。第二,利用国际上美苏势力的平衡妥协,得到中国国内党争的休战合作。第三,等待国际上的第三次世界大战,以国际资本主义与共产主义的最后胜败,决定国内党派的存亡。在我们看来,第三条路是中国人自寻毁灭。这是以中国问题去促成世界大战,而且造成世界大战先在中国国境内决定胜负的局面。这只有中国人自求毁灭而已。谈到这里,我们愿公开指摘美国杜鲁门总统的国际反共政策为幼稚为愚笨。他是人类进化的反动。我们很钦仰并且很同情华莱士先生的见解与主张。我们亦相信资本主义与共产主义可以共存而合作。我们亦相信任何主义,不是金钱与武力可以消灭。我们更相信,只有真正的民主,才能奠定世界的和平,谋求人类的幸福。依据这个原则,今天中国的内战是无结果无意义的战争。特别是当前国共两党所采取的战略,其结果徒然彻底消灭中国的人民,而不是消灭任何主义或任何党派。今天我们民盟的主张,在国内是反对国共内战,在国际是避免世界大战。今天中国只有一条出路,从国内的和平,促进国际的和平,从国内的民主,奠定世界的民主。我们反对国际上任何国家对中国内政的干涉,我们更反对任何国家利用中国做主义斗争的工具。任何帝国侵略主义应立即退出中国!中国人要解决中国问题。中国人应以中国的民主和平,促进世界的民主和平。这是民盟的主张,这亦是民盟今天努力的途径。谨此宣言!

中国民主同盟主席张澜为中央社发表《中共地下斗争路线纲领》致行政院长张群函

（一九四七年五月八日）

岳军院长勋鉴：

四月间本盟曾推章伯钧、罗隆基两同志赴京，关于本盟盟员杜斌丞等无端被捕事，拟向政府有所接洽。阁下未暇接见，本盟颇以为憾。今者，政府为多党参加之政府，且为行政院负责制。此次新政府成立，当权者复以依据政协决议，结束一党训政，准备实施宪政标榜于国人。诚如是者，则阁下今日出长行政院，其地位、其职责，固非往昔之行政院长可比。凡合法在野政团，遇有重大事件，欲与政府洽商者，进而就教于行政院长，实为唯一正当合理之途径。自新政府成立后，当权党对付在野民主政团之政策，更令国人惶惑不安。举例言之，四月二十二日南京中央日报发表社论，公开对本盟加以诬蔑，且公然倡导否认本盟合法平等地位。此项谬论，突然发见于政府所在地之官报，已令人疑及政府即以此为打击压迫民盟之先声，果于五月三日，中央社发表所谓《中共地下斗争路线纲领》，竟谓中共“经常派遣代表列席民盟干部会议”。该项文件，对民主促进会，民主建国会，三民主义联合会，农工民主党等民主团体亦诬为中共操纵指使之工具。此项文件，社会均疑其为捏造诬陷之阴谋，而同日该中央社，又发表所谓某政治观察家谈话，妄指“民盟组织已为中共所实际控制，行动亦均系循中共意旨”，又谓“民盟及各民主政团，目前倡组中之民主统一战线，亦为受中共之命，而准备甘为中共之新的暴乱工具”云云。试问民盟何种行动，是“循中共意旨”，何种行动，是“受中共之命”，“准备暴乱”云云？竟以莫须有之词肆意诬蔑，乃自行证实一般社会对此项文件认为捏造诬陷之猜疑。中央社此种举动，实已构成犯法行为，应负法律上之责任。又中央社及中央日报今日名义上虽为国民党机关，实际仍系政府宣传机关，则该社与该报此项言论，政府亦不能辞其责也。至于本盟今日为独立的和平的公开的在野政团，此种立场，在三月二十七日及四月二十五日曾先后发表正式谈话与宣言，向国人一再声明。本盟行动，遵循民主轨道，采取合法手段，乃举世共知之事实。至于本盟之合法平等地位，在去年参加政协会议之日，即已确定。今日新政之产生，自身既以依据政协决议为标榜，又何能抹煞参加政协之民盟的合法平等地位。更有进者，政府既已准备宪政为号召，且一再命令保障人民集会结社之自由，似此，则人民中一切公开和平之政治组织，均为合法平等之政团，而政府自有依法保障之义务也。时至今日，人民已陷绝境，国事已到穷途，非和平团结，无以自救。倘朝野各党派，至此尤不能深自内疚，毅然悔悟，尤复继续延长党派成见与权位之斗争，此不止无以见谅于今日之国人，亦且将为万世之罪人矣。本同盟有感于此，今日依然愿以其在野身分，准备与政府遇事商谈，以求得党派间合理之谅解，减少党派间无谓之磨擦，而本盟被捕盟员之恢复自由，被禁刊物之恢复出版等，均愿与政府坦白商讨，以求获得妥善合理之解决。阁下素以促进民主宪政为职志，今既任行政院长，对调整朝野党派关系一事，不止权有所属，实亦责有所归。如荷同意，本盟愿即推选代表与阁下晤商。如何之处，敬候明教，端肃，敬颂勋安。

中国民主同盟主席　张澜　谨启

中国民主同盟主席张澜
为广西盟员被捕事件
致行政院长张群函

（一九四七年八月二十四日）

岳军院长勋鉴：

本盟半年来陕、沈、蓉、渝等地盟员，无端被捕者，迄今多未省释，而桂林、南宁、八步等地，七月间又有百余人被捕，内有本盟盟员杨荣国、张毕来等均同时被捕。似此政府对于本盟盟员，显系有计划、有组织加以压迫与打击。蒋主席在“七七”十周年纪念演词中，曾以实现民主宪政号召国人，而现政府之施政方针，亦有保障人民基本自由之条文。诚如此，即应尊重人民集会结社之权利，同时尊重在野反对党之合法地位，固不可任意加以摧残侵犯也。本盟一向主张以和平方式争取和平，以民主方式争取民主，此为举世共闻共见之事实。今政府对本盟盟员不断加以违法之逮捕拘禁，将使所谓实施宪政、实现民主将何以取信于国人？为此特再请政府严令各地官吏，立即制止一切非法压迫在野合法党派行为，并将桂林、南宁、八步等处以及其他各地被捕之盟员，立即一律予以释放，以重法治而保人权为荷。专此

函达,敬颂

勋安

张　澜

一九四七年八月二十四日

中国民主同盟主席张澜
为促释放民盟盟员再致张群函

（一九四七年九月一日）

岳军先生大鉴：

民主同盟为桂林支部人员被捕事，曾致函左右，谅已鉴察。章伯钧兄日前赴京曾向郑介民先生当面交涉释放本盟各地被捕人员，昨日据称：郑君曾经表示蓉渝两地被捕人员只需执事向地方当局致一电令，彼负责各该人员可立即释放。郑君既有如是之言，川省为吾兄旧治之区，重以桑梓之谊，固不宜使无辜被捕人士久失自由，且当目前艰难之局，执政者尤当以宽宏大度挽回人心。即如近日上海各大中学校临开学之日，乃每称奉部令解聘教授开除学生，此等狭隘苛刻之举措，徒益增人反感耳。敬颂

勋绥

张　澜

一九四七年九月十三日

中国民主同盟主席张澜
为促释放民盟盟员三致张群函

（一九四七年九月十三日）

岳军院长吾兄勋鉴：

目前为蓉、渝、桂等地盟员被捕事曾两函左右，请分令各地地方官吏予以释放，谅邀鉴察。兹据成都盟员专函报告：“八月十九日四川省政府召开专员会议，在会议上，特委会书记徐中齐报告中央对于共产党、民主同盟、三民主义民主同志联合会等，均认为反动集团，应严拿究办。对于民主同盟上层虚与委蛇，系为对付国际观听。六一处置中央认为最有成绩者为成都重庆两地，已通令嘉奖，刻当剿匪戡乱之际，望各专员勿稍瞻循”。等语。查政府对于民盟早有孤立上层，打击下层之传言，今得成都盟员报告已可证传言之非无因也，国事如此艰危，人心正待收拾，今日报载蒋主席通令所属切实保障人民基本权利，内称：“凡非司法机关，及非依法赋与司法警察职权之机关，绝对不得逮捕人民，尤其不得有其他法外侵扰人民自由之行为。”深盼言出法随，今后人民自由，得享切实保障。但以前遭受法外侵扰之无辜，自应即时释放，以示平等，并昭大信。政府对于民盟若仍目为反动集团,采取对上敷衍,对下压迫办法,一任各地特务之胡行,则所有实施宪政保障民权之诺言,何能取信于人?蓉、渝、桂等地盟员被捕久未获释,特请黄任之先生代表趋洽,务祈迅予分饬各地官吏一律释放,而重人权,无任感荷。端此函达

敬颂

勋安

张 澜

九月十三日

中国民主同盟主席张澜致函民盟马来亚支部代表大会

（一九四七年九月十九日）

九月八日来函及附件均悉。全马代表大会订于九月二十七日在星开幕，成立马来亚支部，远道闻讯，毋任欣慰。澜以道路遥远，时间匆促，未能推派代表到会，深以为歉，特将本盟最近决策，函向大会报告：

（一）自国民党单独召开国大，制定宪法，改组政府以后，所有政协（即政治协商会议）决议，悉已被其撕毁无余。本盟为维护政协精神，不仅反对其所谓国大与宪法，并已拒绝参加政府与选举，今后无论环境如何困难，本盟仍坚持此种立场，以求贯彻主张。

（二）总动员令颁布以后，本盟各地盟员多陆续无端被捕，即一般民主人士与自由份子（如教授学生等）亦遭重大非法打击。本盟本诸人民应有的权利，与现政府当局"七七"十周年的演词，已一再要求政府尊重人民身体、行动、集会、结社、言论、出版等自由，以及在野反对党的合法公开地位。此项要求，在今日实质上仍属一党专政之下，虽无法可以实现，然本盟本诸"以民主方式争取民主”的原则，仍将继续向现政府坚决要求，不达目的不止。

（三）本盟外交政策一向主张与英美苏建立平衡友好关系，任何友邦，凡严格尊重我国之独立自主而不助长中国之内战与分裂者，吾人必继续与之保持友好关系。总之，国家应求独立，外交应自主而不可放弃自己的立场，甘作外人的附属，而使堂堂大国沦于殖民地的地位。年来现政府对外政策，始而联美反苏，近又扬言欲联苏制美。似此忽略本国利益，完全仰人鼻息，举棋不定，前后矛盾，本盟自当坚决反对。

（四）八年抗战，创痕未复，战后的日本，已在美国直接卵翼之下，积极复兴，又将威胁我国。吾人在此时不但应坚决反对开放对日贸易，并应致力反对美国单独召开对日和会。开放对日贸易，势必供日本战后的工商业迅速繁荣，中国残余的工商业完全摧毁。对日和约应尊重波茨坦协议，中美英苏四强先行草拟。任何方式之对日和会，倘非中美英苏四强同时参加者，中国应拒绝参加。同时中国必应保存对和会之否决权，如此对日和会始可成功，远东和平亦始获保障。

兹当全马代表聚集于一堂，对于国事及盟务当有充分讨论与具体决议，盼将结果早日函告，以备参考。端复顺祝

大会成功！

张　澜

九月十九日

中国民主同盟主席张澜
电贺民盟马来亚支部代表大会召开

（一九四七年九月二十三日）

新加坡中国民主同盟驻星办事处胡愈之先生：顷悉感召开全马代表大会，群英齐集，贡献必多。除皓函说明本盟最近态度外，特电致敬，期共为民主努力。

张　澜

九月二十三日

中国民主同盟主席张澜
为杜斌丞被枪杀案发表声明

（一九四七年十月七日）

对民盟中央常委兼民盟西北总支部主任委员杜斌丞先生本月七日在西安无辜被害一事，本人极端愤慨，同时亦极感悲痛。这不只是对被难者自身损失及民盟重大损失的悲痛，我对国家法治与民主的前途更感悲痛。

地方军政机关可以这样任意违法杀人，国家还有什么法治与民主的前途可言。杜先生惨案，给于民盟重大打击远在旧年李闻惨案之上。昆明惨案实行违法杀人者，表面上尚谈为暴徒份子的狙击行为，西安惨案却是陕西戒严总司令部用“判处死刑”的公开杀人手段残害在野党派的领导负责人了。

自旧年政协会闭幕后，杜斌丞先生即受民盟总部之命，赴西安主持西北盟务。不幸即因此种公开合法之工作，杜先生立即受到地方当局的监视而实际失却自由。旧年十二月二十四日，中央社曾发表杜先生批评共党之言论，今年三月二十日杜先生又突然以“贩卖毒品”的诬陷罪名而被捕。最足使人惊异者，即前此中央社代为宣传反共之人，竟于本月七日被陕西戒严司令部以“现充共匪关中地委会负责人勾结匪军密谋暴动”的罪名而被枪决。从旧年十二月杜先生被监视之日起，民盟即以其安全为虑，故在南京即一再向政府进行交涉，请其准许杜先生离陕来京，以保安全。今年三月杜先生被诬被捕以后，民盟又一再向政府严重交涉，请将杜先生依法释放，以尊重人权，或依法交法庭审判，以求昭雪。不幸民盟无数次的抗议与交涉，政府竟置之不理。最后地方军政机关竟将民盟负责人无辜加以杀害。

杜斌丞先生今年已六十一岁，其立身行事与其思想主张不止西北人民所共仰，实亦全国人士所共知，他毕生的文化教育事业之成绩，昭昭在人耳目。他笃信民主和平，而近年来努力促进国家之民主、和平亦为事实。惟以禁在囹圄早失自由之人，今天竟指其有“勾结匪军阴谋暴动”之行为，且以此定罪行刑，则所谓“贩卖毒品”等等诬陷，实不值一辩了。此次杜案，政府始终拒绝民盟依法处理之请求，竟不经过正当司法手续突然由地方军事机关将杜斌丞先生执行枪决，此实违背政府历来公布保障人权之法令，且根本破坏国家之司法独立。近来各地政府机关对一切逮捕枪杀之行为，动辄冠以某种嫌疑之罪名，且不需确切证据，仿佛有此嫌疑即可抹杀一切法律与人权。似此，则国家又成何国家。我民主同盟为一和平而无武力的在野政团，本身绝无武力亦绝对不依靠武力以保障生存。政府对如此和平的在野政团果欲凭其权势及武力加以摧毁以达根绝在野党派之目的，则政府今日自可如愿以偿。惟绝对不容许在野党派存在的国家，尚何民主之可言？关于杜先生的无辜被害，民盟除正式向政府提出严重抗议外，谨将案情诉诸全国及全世界之公道与正义。

中国民主同盟被迫发表解散公告

（一九四七年十一月六日）

中国民主同盟向以民主和平团结统一为一贯之主张，不幸战祸愈演愈烈，同人处此惟有痛心，更无为国服务之余地。最近政府宣布民盟为非法团体，禁止活动，同人已不能活动，当经公推黄常委炎培代表同人自沪赴京，与政府洽商善后事宜，经政府提示办法如下：（一）政府已宣布民盟为非法组织，希望民盟自行结束，解除负责人之责任。（二）关于房屋：（1）民盟代管中共房屋物件，即行移交政府接受；（2）民盟自有房屋，可缓接收；（3）政府拨给民盟使用之房屋应交还，如一时不及迁出，可暂借用；（4）盟员的私人住所不予干扰；（5）上海朱葆三路民盟代中共保管之房屋，同样由政府接收，如一时学校无法迁让，应另商供用办法云云。当经黄常委答复如下：（一）民盟既经政府认为非法团体，惟有通告盟员停止活动，自经通告，以后盟员如有言论，自应由个人负责。（二）关于房屋各点，自当照办，惟须补充说明者：民盟本无财产，如其有之，应请让民盟自行处理。此处，请求两点。（三）各地盟员一律免除登记，并享有一切合法之自由。（四）各地盟员，政府如认有违法行为以及先经因案被捕者，均由政府依法处理,如无共党党籍实据,不爰用“后方共产党处置办法”,以上(二)(三)(四)各点,是否可行,候示。至报端发表各种文件,有盛责民盟之处,多违事实,此时未拟置辩云云。承政府示复如下:(一)如民盟能遵照内政部发言人所公布的命令正式宣告自行解散,停止活动,各地盟员之登记手续可予免除,并保障合法自由;但今后如有假借名义作非法活动者,各地治安机关仍当依法处理。(二)凡因案被捕之盟员,如司法机关根据调查实据,判定其为非共产党党员,或非为共党工作者,自可不爰用“后方共产党处置办法”之规定。此外,关于房屋各点,均可照办等语。合将洽商经过情形公布周知,并通告盟员自即日起一律停止政治活动,本盟总部同人即日起总辞职,总部亦即日解散。尚希公鉴。

中国民主同盟主席　张　澜

附录

蒋介石解散民盟

（一九四七年十一月六日新华社时评）

蒋介石在十月二十七日宣布民主同盟为“非法团体”并对该盟人员实行进一步的迫害。蒋介石政府当然给民主同盟捏造了许多荒唐的“罪状”，但是，一切这些诬陷，只是使人们更加强烈地感觉到蒋介石统治的丑恶（比方说，因追随汪精卫投敌而臭名昭著的蒋介石宣传部副部长陶逆希圣，居然有脸皮发表长篇的臭论以证明民盟的领导者是“郑孝胥，赵欣伯”），这就是蒋介石集团“礼义廉耻”的活标本。只是使人民更加确切地认识民主同盟在若干历史关节中，实行了与中共在部分民主纲领上的政治合作，从而推进中国民主事业，乃是民主同盟的光荣。如所周知，民主同盟是一个广泛而松弛的联合，其中一方面容纳许多坚决反对蒋介石独裁和美帝国主义侵略的民主战士，并有一些例如闻一多、李公朴、杜斌丞等，为此献出了他们的生命；另一方面也容纳许多虽然一面反对与不满蒋介石独裁，但在另一面却不但过去而且现在仍然对蒋介石、特别是对美帝国主义怀抱某种幻想的人物，无论如何，民主同盟只是一个赤手空拳的组织，他们“连一枝手枪也没有”，并且不打算有，他们的凭借就是言论出版，而这样的武器也早已被蒋介石没收了。允许民盟这样一个组织存在，在通常的情形下，即令一个政府已经自己觉到自己的危机,也应该是没有什么可怕的。但是病入膏肓的蒋介石,今天害怕这样一个组织,他宁可向这个组织露出法西斯野兽的牙齿,宁可使在蒋介石统治下进行任何和平运动,合法运动,改良运动的最后幻想归于破灭。蒋介石常常小心隐藏自己的病状,但是解散民盟这件事却一下子就向全中国全世界泄露了他已经何等衰弱不堪,美帝国主义者尽管跟蒋介石签订三千万美元的"救济"协定,但是没有办法给他一付镇定剂。实在说,白宫的医生自己也没有药品可以镇定自己。他们也害怕民盟照往常一样的活动,因此就决定批准南京这个显然愚蠢的步骤,过去的无数经验表明,象解散民盟这样的大事,没有美帝国主义者的批准和参预,蒋介石是从来不敢擅自决定的。

蒋介石解散民盟和在各大城市中大施迫害民主分子,其实际意义只是暴露和加重南京统治的异常紧迫的危机,而决不能丝毫减轻这个危机。大家知道,中国民主运动的基本特点乃是武装的革命人民反对武装的反革命集团,因此中国民主革命的高潮,基本上就表现为武装斗争的高潮。应该指出,自从今年七、八、九月,各路人民解放军先后转入大举反攻以后,中国革命的新高潮已经到来了。被蒋介石恐怖统治所压迫的各大城市的人民斗争,在这个革命高潮中间所能起的作用只能是配合性质的,而且只能有效地发生于最后成熟的时机,因此蒋介石在这些城市中的一切恐怖行动,决没有也决不能在任何意义上阻止人民解放军的胜利前进;相反地,这只能教育人民要有自由,要有真正的和平,就必须坚决用武力来打倒蒋介石,就必须坚决拥护人民解放军的武装革命斗争,而决不能依靠任何和平的合法的改良的方法。蒋介石的恐怖行动,给予人民的另一个严重教训,就是以蒋介石为代表之一的中国大地主大资本家集团,是坚决反对人民到底的,直到他们的最后一天,这是凶恶的豺狼,也是决不会回心向善的。值得注意,与蒋介石解散民盟和大施迫害民主分子同时,国民党的某些政客正在以华南为中心传出一种和平的空气,据说这个"和平"的空气,是与新近奉命出任广东省政府主席的宋子文,以及不久以前奉命发表谈话反苏吓美的南京政府副主席孙科等人有联系的;但是这些招摇撞骗的阴谋家们,未免会把人民太看傻了,每一个有常识的人,不能不警觉到为什么这些"和平"使者,甚至于不敢利用民主同盟作为他们的同盟者,却宁可扯出宋子文、孙科等辈这样的烂旗子来呢?这难道不是因为他们具有不可告人的阴谋害怕人们的声张和反对吗?这难道不是证明了中国大地主大资本家集团连同他们的主子美国侵略者,无论到什么时候,无论穿上什么服装,总是决心要反对中国人民吗?因此,中国人民要有自由,要有真正的和平,就必须坚决粉碎他们的政治阴谋,如同粉碎他们的军事进攻一样,把自己的革命事业贯彻到底。民盟方面现在应该得到教训,任何对美国侵略者及蒋介石统治集团或其中某些派别的幻想,都是无益于自己与人民的。应当清除这些幻想而坚决的站到真正的人民民主革命方面来,中间的道路是没有的。如果民盟能够这样做,则民盟之被蒋介石宣布为非法并不能损害民盟,却反而给了民盟以走向较之过去更为光明道路的可能性。

附录

国民党政府宣布民盟为非法团体

（一九四七年十月二十七日）

内政部发言人称，查民主同盟勾结共匪，参加叛乱，早为国人所注意，兹迭据各地负责治安机关先后报告，其显著事实，如该盟派骆宾基在东北策动东北之军事叛乱，与在西北之负责人策动孔从周等叛变，并煽动五月学潮及上海工潮，皆暗与共党之军事行动相呼应，政府颁布动员戡乱命令后，该盟香港及马来之支部公开宣言反抗，显与共匪勾结一气。最近该盟重要分子李荫枫在川省招致匪徒，图谋暴动，以响应共匪李先念残部之窜扰。其他公然作叛乱宣传掩护共匪之间谍活动，皆罪证确凿，政府对此不承认国家宪法企图颠覆政府之非法团体，不能坐视不理。证之共匪近来四处流窜，益形猖獗，而该盟分子亦无不到处活动，互为声援。如不立加遏制，后方治安在在堪虞。本部职责所在，对此在匪区则助长叛乱，在后方则为共匪声援之不法团体，不得不采取适当处置。兹政府已将该“民主同盟”宣布为非法团体，今后各地治安机关，对于该盟及其分子一切活动，自应依据妨害国家总动员惩罚暂行条例及“后方共产党处置办法”严加取缔，以遏乱萌，而维治安。

中国民主同盟主席张澜在民盟总部解散后的声明

（一九四七年十一月七日）

余迫不得已，忍痛于十一月六日通告全体民主同盟盟员，停止政治活动，并宣布民盟总部解散，但我个人对国家之和平民主统一团结之信念，及为此而努力之决心，绝不变更。我希望以往之全体盟员，站在忠诚国民之立场，谨守法律范围，继续为国家之和平民主统一团结而努力，以求达到目的。

中国民主同盟主席张澜评蒋介石元旦文告

（一九四九年一月六日）

民盟主席张澜今日预料中共绝不会接受蒋介石在元旦文告中所提出的和平条件。他说，谁都要和平，这是很明白的，但是蒋介石曾经破坏了结束内战的机会。他又说和平是人人所愿望的，但据我看，和平的希望不大，因为显然蒋介石不愿意和。特别是蒋介石所提出的两条件，不仅中共，就是全国人民也不能接受。这两个条件就是关于保持法统与保障国民党军队这两点。这两个条件是人民所不愿接受的。而且在文告的末段，蒋强调如有必要，他将继续作战。这表示他并不真正要和平。

中国民主同盟主要领导人就李宗仁要求民盟“调解”发表严正谈话

（一九四九年一月二十七日）

从前国共两党之争，我们是第三者，但现在局势已经完全改变，现在是革命与反革命之争，而我们站在革命的一边，所以不能参加调人。至少，也得先与我们已在解放区及在香港的代表洽商后，方可发表意见。

附录

李宗仁致民盟中央函

（一九四九年一月二十二日）

衡山、伯钧、东荪先生并转贵盟诸先生惠鉴：

八年抗战，三载阋墙，国家元气，断丧殆尽，弟以庸愚，勉支危局，深知非罢战言和无以拯民水火。弟决以最大之努力谋和平之实现，且为表示决心与诚意，对于过去有碍人民自由之法令与行动，政府决予撤销与停止。现中共方面已表示愿意商谈，果能相忍为国，不难获致成功。先生等奔走和平，备历艰苦，精神毅力，举国钦佩，尚乞一致主张，力加赞助。和平能早日实现，弟亦得早一日返回，尊见所及，并请随时见示，以匡不逮。特电布臆，不尽欲言，诸维亮鉴。

李宗仁

一月二十二日

中国民主同盟主席张澜等于上海解放后发表声明

（一九四九年五月二十八日）

中国历史上最伟大、最光荣的人民革命已经取得全国范围的彻底胜利。人民解放军在横渡长江之后，很快进展到了上海这个远东最大的工商业都市已经解放了。上海开始了一页新的历史，上海六百万人民有了新的光明与新的生命。我们站在各民主党派的立场，谨先向可敬可爱的人民解放军表示热烈的欢迎，同时，我们向领导这个人民革命的中国共产党及中国共产党的领袖毛泽东先生表示热诚的庆贺。

上海是全世界工商业重心之一，因此我们相信今天上海的解放，必定引起了全世界人士的特殊注意。我们愿就这个机会唤起全世界各国的政府及人民，切实认识这次中国革命的真正意义。开宗明义的说，这是中国人民所进行的伟大的新民主主义的革命。这个革命的目标，对内是推翻封建独裁，对外反对帝国主义侵略。绝无疑义，这是中国共产党所领导而中国各民主党派所共同参加的人民革命，这是中国全体人民整个民族彻底翻身、彻底解放的革命。我们要切实遵行毛泽东先生所倡导的新民主主义。这次革命将迅速建立中国人民的民主政权。要实现以工农为基础的人民民主的联合政府,以争取人民的真自由真平等,以达到中国真民主真和平的目的。这种革命的性质不容误会,这种革命的意义不许曲解。

上海如今已经解放了,上海六百万中外市民每个人都有亲身经历这个伟大革命的经验。从这个经验中,我们愿意提出下面这两点意见:第一,蒋介石及其反动集团所代表的残余力量失败到了尽头,上海战事确切证明这种残余力量已经完全崩溃瓦解了。因此我们愿严重警告被蒋介石抛弃在上海及其他地区的残余军人、特工人员等等,你们不要执迷不悟,再做个人的奴才走狗,再继续做人民的敌人,你们应立即大澈大悟,弃暗投明,将功赎罪,以避免本身无意义的毁灭。第二,人民解放军胜利进入上海,这说明中国人民革命已按预定计划,从农村扩展到了中国最大的工商业都市。

人民革命的目标不只不做无意义的破坏,而且要做有步骤有计划的建设。过去反动派伪政府所散布的恶意宣传,污蔑人民解放军到处无端没收私产,到处任意破坏生产等等,而今证明了这只是欺骗人民的大谎,大家已经看到了人民解放军是爱护人民的。人民革命的目的是保障并增加人民的利益,人民革命的力量既已到了上海,今后的努力是要把上海从安定中谋建设。

我们要把一个帝国主义支配、畸形发展的上海,改造建立成为现代化工商业的民主的都市。我们更要爱惜上海这一点工商业的基础,来建设现代工业化的新中国,因此,上海市民应彻底认识,我们人人有尽自己的力量来安定与保障上海的责任。在这个革命过程中，上海工商业人士，在消极方面，应各守岗位，各守本业，以维持本市的秩序，在积极方面，且应人人尽其才智，竭其真诚，以加速整个上海，整个国家的工商业的建设事业的发展，使中国工商业的现代化得以迅速成功。

上海如今已经解放了，我们坚决相信上海解放的光荣日期是蒋介石及其匪帮集团残余力量最后埋藏的时候。蒋介石全盘军事失败并辞去伪总统职位后，依然梦想利用上海人力物力为困兽之斗，以作中国法西斯起死回生的企图；他用尽世间最残忍、最酷刻、最凶暴、最卑鄙下贱的一切手段，杀戮屠害人民，以支持他的残余生命。突击检查，集体逮捕，连保连坐，格杀勿论，种种不人道反人道的杀人办法，凡中国历史上黑暗时代专制帝王无道暴君所用的一切屠害人民的方法，蒋帮在上海最后挣扎的时期，均已全盘实行了。这种疯狂的倒行逆施，充分证明蒋帮的日暮途穷。这类行为更激起了人民的愤怒，加速了反动者的灭亡。因此，我们很坦白的劝告中国南部一切尚未解放的各省市的伪政治组织及军事力量，应彻底觉悟，今后对人民革命的任务抵抗是毫无效用的，今后任何负隅顽抗只是愚蠢的行为。一切屠杀摧残人民的暴行，这在人民方面来说，是毫无意义的，不必要的损害；这在蒋匪仅有的残余力量本身来说，不止是当前的自掘坟墓，并且是千古不赦的罪行。时局演变到了今天，你们已经民心丧失干净，武力溃败无余，今后任何苟延残喘的阴谋计划，例如所谓东南自保，所谓西南联防，甚至企图以台湾孤岛作为流亡伪政府的巢窟，都不过是全盘的幻想。人民解放军铁骑所在，你们这些幻想都将迅速陷于破灭，你们应该知道，人民的愿望是不可违背的，人民的意志是不可抵抗的，人民革命的成功是绝对无法延缓的。你们应该有勇气承认你们的失败，你们更应该有胆量来向中国人民投降。你们应该争取这个最后的时机，将功赎罪，以利我国迅速完成中国历史上最光荣、最伟大的人民革命。

最后我们愿向全世界的人士做一个严正的声明：中国人民的革命乃中国全体人民整个民族的解放与复兴，同时，这也是我们为全世界和平民主的努力。中国人民愿与世界任何国家，任何拥护和平的人民亲善合作。凡尊重中国主权及人民利益，遵守中国法律，在平等互惠之原则上，中国人民愿意与之贸易，共图繁荣。若有任何国家的政府或党派，仍然企图支持中国的残余反动力量以遂其帝国主义者的侵略阴谋，因而损害中国人民之共同利益者，中国人民必视之为公敌。

张　澜　罗隆基　史　良　郭春涛

陈铭枢　闵刚侯　连瑞琦　杨卫玉等

中国民主同盟主席张澜电贺
毛主席朱总司令周恩来董必武

（一九四九年五月二十九日）

毛主席润之、朱总司令玉阶、周恩来先生、董必武先生勋鉴：

人民解放军渡江以来，时仅一月，南京及苏、浙、赣、鄂、陕五省会相继解放，近则上海亦全部解放。蒋军到处崩溃，人民咸庆来苏。人民解放军得到如此光荣胜利，谨为诸公庆贺。上海为东亚著名大都市，国际及国内人材多集于此，今后工商业之新发展，尤为新民主国家所利赖。兹值战后困难较多，如何安定，如何建设，想早在诸公运筹策划中，澜不久将与罗努生兄等来平聆教。

张　澜　叩　艳

附录

毛主席朱总司令周恩来董必武复电

（一九四九年六月一日）

表方先生：

艳电敬悉。革命军事迅速发展，残敌就歼，为期不远。今后工作重在建设，亟盼告各方友好共同致力，先生及罗先生准备来平，极表欢迎。

毛泽东　朱德　周恩来　董必武

六月一日

中国民主同盟总部临工会
致民盟主席张澜等脱险慰问电

（一九四九年五月三十日）

张主席表方并转努生、存初、茂荪、则沉诸同志：

上海解放，闻诸同志已脱险。特电慰问并盼电告近况。

盟总临工会全体同人

五月三十日

中国民主同盟主席张澜暨史良罗隆基等致电毛主席朱总司令庆贺解放大上海的伟大胜利

（一九四九年五月三十一日）

毛主席润之、朱总司令玉阶勋鉴：

我人民解放军渡过长江以后，蒋匪反动集团全面土崩瓦解，望风披靡。今我人民解放军又以迅速敏捷行动，解放东亚工商业最大都市上海，使六百万市民大旱得见云霓，黑暗重睹光明，诚堪庆贺。此次蒋匪反动集团妄冀以上海之人力物力，为彼辈临死前最后挣扎之牺牲品，抢劫财物，屠杀人民，甚至以连保连坐、格杀勿论野蛮手段，杀害无数民主人士。凡强盗土匪所羞耻而不肯为者，蒋匪帮竟敢一一为之。而我解放军则义旗所指，纪律严明，秋毫无犯，秩序井然，充分发扬救国爱民之精神，万民腾欢，举世赞誉。此种仁爱与残暴、光明与黑暗之对照，实为人民革命史上光荣胜利之伟大奇绩。同人鼓舞欢欣之余，谨电致贺。

张　澜　史　良　罗隆基　郭春涛

陈铭枢　闵刚侯　连瑞琦　杨卫玉等

沈钧儒等致电民盟主席张澜来平

（一九四九年五月三十一日）

上海市政府潘副市长转

张主席表方暨罗隆基，史良，郭则沉诸同志

世电谅达。诸同志久困沪滨，领导盟务，殊为敬佩。上海现告解放，请即联袂北来，主持四中全会，商订本盟今后决策。特电欢迎，并盼告行期。

沈钧儒　章伯钧　黄炎培　张东荪　周新民

暨临工会全体同志

中国民主同盟主席张澜复电

（一九四九年六月一日）

沈衡山、黄任之、章伯钧兄转民盟临工会公鉴：

各电敬悉。盟员中有数人遭难，弟等平安脱险。

澜、努、良、沉　同叩

六月一日

跋

在《民盟历史人物》和《民盟历史文献》丛书付梓之际，掩卷回首，民盟先贤们的音容笑貌挥之不去，不绝如缕，久久难忘。在编辑此丛书的过程中我们每每被他们为信仰、为理想奋斗的坚定精神所感召和感动。

人不能没有理想和信仰，一个民族也不能没有自己的理想和信仰。我们的先辈们，正是怀揣民族富强、人民福祉的赤诚之心，身先士卒、鞠躬尽瘁；凭借自身高尚的人文品格和社会良知，与共产党团结合作，为中国社会的前途和命运探索了一条新的宪政之路；和平、民主是人类社会的两大主题，也是中国共产党人和各民主党派所共同追求的理想。

如今，面对着他们的拳拳之心和丰功伟绩，我们感叹！赞叹！怀念！更要继承！

《民盟历史人物》和《民盟历史文献》在整个创作和出版过程中，得到了来自社会各界人士的关注和厚爱。我们要特别感谢为此丛书孜孜不倦的考证、核实、梳理、完善的各位专家、学者，是他们的认真严谨，才使此丛书能够客观地展现历史的真貌；更要特别感谢中共中央统战部与民盟中央给予我们的鼎力支持和重视，没有他们的指导和帮助，我们不可能完成如此厚重的出版工作任务；还要感谢各省、市、地区的民盟组织，为搜集、挖掘、抢救民盟的历史文献资料做出的不懈努力和贡献；感谢每一本书的作者，是他们的辛勤笔耕和一点一滴的忠实记录，才集成了民盟历史的全貌；感谢为此丛书付出辛劳的编辑以及所有工作人员，感谢你们辛勤的劳动和无私的奉献。

谨以此丛书献给所有伟大的民主革命先驱者；献给为共和国诞生抛洒了智慧和热血的先贤们；献给那一段筚路蓝缕、以启山林的峥嵘岁月。

《民盟历史人物》编委会
《民盟历史文献》编委会